Marina Otero Verzier

Flotando
en litio

laMenor

Publicación subvencionada por
el Ministerio de Vivienda y Agenda Urbana.

CANiCHE

Caniche Editorial S. L.
Iturribide Etxea
Ibinaga Auzoa, 14
48311 Ibarrangelu, Bizkaia

canicheeditorial.com
canicheeditorial@gmail.com

Flotando en litio
Marina Otero Verzier
© De los textos: Marina Otero Verzier
© De las imágenes: los autores e instituciones referenciadas
© De la edición: Caniche Editorial, 2025

Diseño: Setanta

ISBN: 978-84-129787-7-3
Depósito legal: BI 00912-2025
Impreso por Grafilur
Impreso en España

*Este libro está dedicado a la asociación
Unidos Em Defesa de Covas do Barroso,
a las montañas del norte de Portugal y Galicia
y a todos los seres —presentes, pasados, futuros—
que las encarnan.*

Introducción

Flotando en litio explora los vínculos entre las ecologías sociales, mentales y ambientales, a partir de los proyectos de extracción de litio en Portugal y España. Este elemento, a menudo llamado *oro blanco*, ocupa un lugar ambivalente en el imaginario energético contemporáneo: es a la vez pilar de la llamada transición verde, ingrediente de aguas con supuestas propiedades curativas y estabilizador del ánimo en tratamientos psiquiátricos. Se utiliza como componente de las baterías de teléfonos, computadoras, paneles solares y vehículos eléctricos. También en tratamientos de problemas gastrointestinales y cutáneos, en casos de agotamiento, manía o trastorno bipolar. El litio mantiene en funcionamiento las máquinas, los cuerpos productivos y los sueños capitalistas de crecimiento sin fin. No sin consecuencias.

Extraer litio abre heridas en montañas y comunidades, dañando sus suelos y las profundidades que los sostienen. Sin embargo, el litio también mana libremente desde lo más profundo de la tierra, manifestándose en manantiales que dieron origen a arquitecturas rituales ancestrales, donde se celebra la conexión entre la salud de los seres y la del planeta. La tensión entre estas formas de entregarse al litio —una que rompe y otra que sana y restaura— atraviesa las páginas de este libro.

No escribo desde una posición neutral. Este libro es un homenaje a quienes, día a día, luchan en primera línea contra el extractivismo. Propone alianzas con quienes cuidan los suelos y las montañas, así como con camaradas humanos y más-que-humanos afectados por la extinción, el despojo y el agotamiento. Juntos podemos imaginar nuevas culturas energéticas y otras formas de habitar el mundo.

SUEÑOS HÚMEDOS

Unas figuras, a menudo descritas como mujeres ancianas, se acercan desde la izquierda. Algunas necesitan ayuda para desvestirse antes de entrar a una piscina rebosante de promesas y posibilidades. En estas aguas, su decrepitud se desvanece, desechada como ropa en el suelo. Su carne renace. Emergen por la derecha, rejuvenecidas, para unirse a una celebración de placeres sensuales.

Historias de un manantial legendario han circulado durante milenios, relatos de aguas que sanan y embellecen a quien se atreva a beber o bañarse en ellas. Mitos que resuenan con la aspiración de alcanzar una versión más radiante, más perfecta de uno mismo. *La fuente de la juventud* (1546), de Lucas Cranach el Viejo, captura este anhelo, la danza entre las edades y la cultura del baño de la Edad Media. Al representar esta transformación sistemática, su pintura revela, además, la maquinaria oculta tras el mito: una línea de producción que fabrica cuerpos deseables y productivos bajo la mirada masculina.

La pintura de Cranach también anticipa obsesiones contemporáneas en la era digital, donde los ideales de belleza circulan a través de vídeos del antes y el después. Sujetos frente a tocadores, en baños, salones de belleza y clínicas, se entregan a la tarea de optimizarse, cada transformación sometida al escrutinio constante de las redes sociales. Imágenes y vídeos documentan una persecución implacable del máximo esplendor: maquillaje y rutinas de cuidado de la piel, filtros de IA, medicina estética y cirugía plástica movilizados para suavizar, afilar, levantar, mejorar físicos. El baño y las pantallas, espejos que reflejan los deseos más profundos de modelar la apariencia y retroceder en el tiempo.

Centrémonos en el baño por ahora, una arquitectura asociada con la salud y el placer. Como muestra el óleo de Cranach, bañarse no era necesariamente un acto individual e íntimo. Era una ocasión para el encuentro en una colectividad. A lo largo de la historia y hasta bien entrado el siglo XX, un gran porcentaje de viviendas carecían de agua corriente y baños privados, incluso en sociedades industrializadas[1]. El suministro de agua, su posterior desagüe y la presencia de fuentes de energía para su calentamiento no estaban al alcance de la mayoría, y menos aún de forma individual. Por ello, era común acudir a ríos, lagos, ma-

1. D'Eramo, 2022.

nantiales y arquitecturas como termas, *hamman*, saunas, *banya, sento*, casas de baños y balnearios para tomar parte en actividades ligadas a la higiene, la socialización y el bienestar.

En los últimos años he dedicado mi tiempo a investigar (y disfrutar) este tipo de espacios colectivos, en particular aquellos construidos en torno a aguas termales mineromedicinales que brotan desde las entrañas de la tierra. He visitado repetidamente manantiales situados en el norte de Portugal y en Galicia, un territorio que considero mi hogar, donde el agua se entiende como algo más que un bien de consumo. En esta región, el agua actúa como catalizador de relaciones ecosociales, de nociones de energía, bienestar y colectividad contrapuestas a los postulados antropocéntricos que han guiado la fiebre del extractivismo y desatado la optimización enfermiza bajo el neoliberalismo.

Las aguas curativas que emanan de estas montañas laten a través de la vida diaria. Durante siglos, los lugareños han bebido de sus manantiales y se han bañado en ellos. La tierra por la que fluyen está impregnada de tradiciones ancestrales, íntimamente ligadas a elementos míticos y mágicos, que entretejen leyendas y relatos históricos. Esta condición se refleja en la persistencia de prácticas y creencias transmitidas de generación en generación. Una de ellas es precisamente recurrir a las aguas termales para aliviar todo tipo de males.

La abundancia de minerales y fuentes medicinales en esta zona transfronteriza es conocida desde, al menos, la llegada de los romanos[2]. No son pocos los enclaves que se han desarrollado alrededor de manantiales, termas o balnearios con aguas de propiedades terapéuticas, donde tantas personas buscan alivio para dolencias como el reuma, los problemas respiratorios o el estrés. Los relatos sobre las propiedades de las aguas de la Burga de Xermeade, la villa termal de Cuntis o el lavadero termal de Caldas de Reis se entrelazan con estudios científicos y experiencias personales, lo extraordinario y lo cotidiano[3].

A estas arquitecturas rituales acuden los habitantes para sumergirse en sus aguas, beberlas o llevarlas en botellas para consumirlas en casa. Desde allí, se exportan aguas minerales embotelladas y jabones de sales repletos de sueños y anhelos de salud, bienestar y belleza. Custodiada por el paso del tiempo, hoy la calidad de estos manantiales y su rol en los cuidados colectivos enfrenta

2. *Mapa de rocas y minerales industriales de Galicia*, 2008, p. 58.
3. Conozco estas historias a través del trabajo de investigación y la serie fotográfica *Corpos en coidado, corpos en reparación*, de Ariadna Silva Fernández, que encargamos como parte de la exposición *Wet Dreams* (CentroCentro, Madrid, 2024).

un riesgo significativo debido a los proyectos de minería de litio aprobados en la región. Proyectos que avanzan a pesar de las protestas de la ciudadanía y que han convertido este territorio en escenario de una lucha entre visiones de futuro y culturas energéticas opuestas. Su desenlace definirá el destino de montañas enteras.

SOCIEDADES EN REMOJO

Hace un calor infernal, pero eso no impide que nos sumerjamos en las piscinas termales. «Estamos cociéndonos», dice Manuel. No sabría decir si lo está disfrutando o si su sonrisa es, en realidad, una mueca nerviosa. Estamos en las pozas al aire libre de Muíño da Veiga, una de las paradas del Paseo Termal de Ourense a orillas del Miño. En la poza en la que flotamos Manuel y yo, el agua llega a los 40 grados centígrados. A diferencia de otras termas, que apestan a huevos podridos, estas aguas apenas tienen olor. Son de mineralización débil y alcalinas: bicarbonatadas-sódicas, fluoradas y silicatadas.

El baño es parte del trabajo de campo para una película sobre aguas curativas, probablemente nuestro proyecto más relajante, moviéndonos de baño en baño. La persona frente a mí recibe un chorro de agua caliente en la espalda que llega directamente desde la montaña. «¿Quieres probar?», pregunta. Algunos salen de la poza para compensar el calor con la frescura del Miño. Nos encaramamos a unas rocas, dejando que el río fluya a nuestros costados. Me cuentan que uno de los manantiales brota a una temperatura de entre 65 y 72 grados centígrados, lo que lo convierte en uno de los más calientes de la Península. Está en medio del lecho del río, y te quema los pies incluso con calzado. A lo lejos, vemos a un par de personas probarlo; salen del agua de un brinco.

Disfrutar de este lugar es gratuito, sus aguas termales son públicas. No es lo usual. Espacios como Muíño da Veiga son excepciones, enclaves donde la aparición de aguas curativas aún no ha caído bajo el hechizo de la explotación comercial. En otros lugares, las aguas termales se formalizaron en fuentes, que luego fueron evolucionando en sofisticadas arquitecturas del baño, como las de Mondariz, Guitiriz, Cuntis y La Toja, en Galicia, o Vidago y Pedras Salgadas, en Portugal. En estos lugares, el turismo, la vida social y la salud convergieron, transformando la región en un centro de termalismo europeo, particularmente entre mediados del siglo XIX y principios del XX. Al igual que en otros *spa* que ofrecían curas de baño y bebida a una sociedad agotada por la rápida industrialización y urbanización, los del norte de Portugal y Galicia se convirtieron en destinos de salud y turismo[4].

---

4. Ver Rabinbach, 1992, p. 48. Rabinbach no habla en particular sobre el noroeste de la península ibérica pero reflexiona sobre el cuerpo como «máquina termodinámica capaz de conservar y desplegar energía».

Los balnearios y baños públicos, junto con las vacaciones, el ocio popular y la arquitectura moderna, funcionaron como remedio para la fatiga del habitante de la ciudad y del trabajador fabril del siglo XIX[5]. Bañistas de distintos niveles económicos se hospedaban en pensiones, mientras que los más pudientes optaban por grandes hoteles ubicados junto a las estaciones ferroviarias, diseñadas para atender la creciente fiebre del termalismo. Allí disfrutaban de largas estancias en complejos termales que, además de tratamientos, ofrecían espectáculos, bailes, deportes (remo, hípica, golf), así como acceso a casinos y casas de té.

Ese es el caso del Grande Hotel de Vidago y del Hotel Vidago Palace. Según cuenta la historia, en 1860, un campesino descubrió un manantial cuyas aguas calmaban las dolencias estomacales. Lo que en primera instancia eran experiencias encarnadas de la población local fueron confirmadas por la ciencia moderna en 1863, con el primer estudio hidrográfico de la fuente[6]. Por entonces, en varias regiones de Europa comenzaban a analizarse las aguas de manantial y a reconocerse su utilidad pública. Con los estudios llegaron también los planes de explotación comercial. En 1873, se fundó la Em-

5. Ver Giedion, 1948, p. 628.
6. Noé, 2003.

presa das Águas de Vidago para mercantilizar las riquezas del manantial en versión embotellada y como base para curas termales.

Los anuncios publicitarios de la época hablan de aguas bicarbonatadas, sódicas, litínicas, fluoretadas y poderosamente radiactivas —algo que hoy en día no tendría tan buena acogida—. Prometían aliviar malas digestiones, alergias, migrañas y problemas articulares. La explotación del manantial se convirtió, además, en un negocio turístico e inmobiliario. Águas de Vidago se encargó de la construcción del primer hotel, el Grande Hotel de Vidago, enfrente de la estación de tren, donde se hicieron populares las curas de aguas en los meses de verano. Incluso el rey Luis I de Portugal disfrutó de estancias en Vidago entre 1875 y 1877, atrayendo a la aristocracia e incitando a su sucesor, el rey Carlos I, a promover la construcción de un nuevo hotel, mejor equipado, que se convertiría en el epicentro del turismo termal en Portugal.

El nuevo establecimiento, el Hotel Vidago Palace, abrió sus puertas el 6 de octubre de 1910, en un momento histórico convulso. Estaba previsto que fuera inaugurado por el monarca portugués Manuel II, pero el día anterior, con la instauración de la Primera República Portuguesa, el joven rey partió al exilio. Concebido originalmente por el arquitecto Miguel Ventura Terra en estilo *beaux arts*, el proyecto fue finalizado por António da Silva Júnior y llevado a cabo por la empresa A Construtora do Porto. En su tiempo, fue el hotel más grande de Portugal y considerado el mejor de la península ibérica, apodado en ocasiones como el Vichy portugués. Su ejecución no escatimó en recursos, con un costo equivalente a 120 millones de euros actuales.

La majestuosidad del conjunto se hacía evidente ya en su fachada. Dentro, en el vestíbulo, los suelos de cerámica y las columnas ornamentadas marcaban el tono de una arquitectura diseñada para complacer al más exigente. Desde allí, el hotel ponía al servicio de sus huéspedes un espacio para cada experiencia: salones para conversación, cenas y fiestas; áreas de juego y de lectura; una barbería, un consultorio médico, oficinas y una estación telefónica. La monumental escalera doble, flanqueada por esculturas, conducía a los pisos superiores, donde se encontraban las habitaciones, equipadas con baño privado, ducha y vestidor. Fue el primer hotel en Portugal con ascensores y con teléfono en todas las habitaciones.

Pero el Vidago Palace era más que un hotel: era un complejo termal y de salud. Contaba con baños de luz azul y roja, salas de electroterapia, equipos de rayos X y un laboratorio médico. Una central eléctrica propia, equipada con máquinas Wolf de 80 caballos de fuerza, suministraba energía para los ascensores, las lámparas incandescentes y los frigoríficos eléctricos, además de alimentar los dispositivos terapéuticos y los espacios del hotel vecino, el Grande Hotel de Vidago (hoy abandonado), y el parque que los rodeaba.

En sus 40 hectáreas de jardines, entre pinos, magnolios, camelias y secuoyas, el parque albergaba un recorrido de fuentes termales o *buvettes* bautizadas como Vidago I, Vidago II y Fonte Salus. La primera, un ejemplo de *art nouveau*, cuenta con una cúpula decorada con ilustraciones que evocan la fuerza, el comercio, la victoria, la fama, la gloria, el triunfo y la vida que emana de la fuente de aguas carbonatadas. Las otras dos fuentes, más alejadas del hotel y modestas en tamaño, son igualmente seductoras. Alrededor de ellas, el campo de golf, inaugurado en 1936. También formaban parte de la alameda las pistas de tenis y croquet, las piscinas, los carriles para coches y bicicletas, y un lago con una pequeña isla coronada por un piano, dispuesto para amenizar la estancia de los huéspedes. Vidago Palace se consolidó como uno de los destinos más codiciados en Europa, atractivo para políticos, artistas y figuras de la alta sociedad.

Pero no era el único en esa región de Portugal. A pocos kilómetros de Vidago se encuentra el Parque Termal de Pedras Salgadas. Sus aguas mineromedicinales surgen del lecho de granito a través de fracturas que las dejan escapar hasta el río Avelames y sus inmediaciones. Se cree que ya eran conocidas por los romanos, y en el Medievo, durante el siglo XII, fueron parte fundamental de las curas milagrosas del arzobispo san Geraldo, que dieron origen a una fuente con su nombre.

No sería hasta 1869 cuando el estudiante de medicina Henrique Manuel Ferreira haría el primer análisis químico de las aguas. Dos años más tarde, se publicó un artículo, firmado por José Júlio Rodrigues, confirmando las cualidades terapéuticas de Pedras Salgadas. A ese le seguirían muchos otros informes que certificaban sus propiedades para el tratamiento de trastornos digestivos y respiratorios, enfermedades de la piel y del riñón, diabetes, gota o anemia. El nombre de Pedras Salgadas se extendió tan rápidamente como los pabellones y fuentes donde se congregaban visitantes sedientos de descanso y disfrute. Primero, de una forma improvisada, en torno a un primer alojamiento de huéspedes que era, en realidad, un cobertizo. Más adelante, se construyó un hotel con mayor capacidad, así como dos edificaciones ligeras llamadas Pombal de Baixo y Pombal de Cima.

El Universal Grande Hotel de Pedras Salgadas fue el primero con capacidad para cien huéspedes —sucesivas ampliaciones permitieron llegar a ciento treinta en 1912—, salones de baile, restaurantes, billares y áreas de lectura. A su vez, se fueron construyendo otras arquitecturas en las proximidades, así como salas de duchas y de tratamientos, casino, casa de té y otros espacios destinados a conciertos, recitales o danza; también fuentes como la gruta Maria Pia (1879), el pabellón de los tres manantiales (1875), el pabellón de Penedo (1871), el pabellón Grande Alcalina (1912) y los pabellones de Pedras Salgadas y Preciosa (1916), dando lugar a un gran complejo termal. En pocos años, eran varios los hoteles con alta capacidad —entre ellos el Hotel do Norte, el Hotel Universal, el Club Hotel y el Hotel de Avelames— que llenaban sus habitaciones.

Al tiempo que se multiplicaban las arquitecturas en torno a los manantiales, también lo hacían las botellas repletas de sus aguas. La compañía de Águas de Pedras Salgadas era la encargada de embotellar directamente desde la salida de la fuente. Se pusieron en funcionamiento sistemas para esterilizar las garrafas, que luego eran transportadas en carretillas o carros de bueyes hasta la estación de tren y, de ahí, a consumidores en Portugal y más allá. Su peculiar gusto salado les dio nombre: *pedras salgadas* / piedras saladas. En 1919, Águas de Pedras Salgadas se asociaría con Águas de Vidago, dando lugar a un importante imperio comercial que, con distinto dueño, continúa generando beneficios hasta hoy.

Ya sea directamente de las rocas, bebiéndolas o bañándose en ellas mediante elaborados rituales, o consumidas a través de versiones embotelladas, estas aguas mineromedicinales han sido portadoras de aspiraciones de bienestar durante siglos. Sin embargo, con el avance de las ciencias médicas en el siglo XX, el auge de la farmacología y nuevas formas de turismo de masas, las industrias de aguas curativas entraron en decadencia y muchas de estas infraestructuras fueron abandonadas[7].

Por ejemplo, la creciente popularidad del turismo de playa y la aparición de hoteles más modernos, así como los efectos de la Segunda Guerra Mundial y las dictaduras, en Portugal, y en España, la Guerra Civil y la dictadura franquista, llevaron al declive a los establecimientos balnearios. En el caso de España, la guerra y el hundimiento de la economía nacional habían propiciado el cierre o la reconversión de instalaciones balnearias en hospitales y cuarteles[8]. Un gran número de ellas no han vuelto a sus funciones originales. En Portugal, algunas han conseguido sobrevivir mediante inversiones millonarias y dosis de arquitectura de autor.

7. *Mapa de rocas y minerales industriales de Galicia*, pp. 59-60.
8. Ídem.

En 2006, el Vidago Palace cerró sus puertas para una renovación completa. Cuatro años después, en 2010, emergió convertido en un cinco estrellas, con setenta y tres habitaciones y nueve suites. El nuevo *spa*, firmado por el arquitecto Álvaro Siza Vieira, se aleja del estilo arquitectónico heredado *belle époque* y recurre a unas líneas geométricas más estrictas, juegos de volúmenes, grandes ventanales y cubierta vegetal que lo insertan en el paisaje. Dentro, entre superficies de mármol y cerámica, se siguen ofreciendo tratamientos para una escapada *detox*.

La obra de Siza es hoy solo para los ojos de los clientes (no se permite el acceso al hotel a quienes no se hospedan en él). Los que buscamos sus imágenes y planos podemos consultar la red o el Canadian Centre for Architecture (CCA), en Montreal, la institución que custodia parte de su archivo. Es habitual ver a grupos de personas fotografiando la fachada y curioseando la llegada de huéspedes en coches de alta gama. El parque termal está, en cambio, abierto al público, aunque por periodos de tiempo reducido, y aún es posible disfrutar de las aguas carbonatadas que brotan de la fuente Vidago I. Su sabor ligeramente sulfúrico amplifica la sensación de que estamos bebiendo directamente de las tripas de la montaña.

Si bien comparten origen y dueño, Pedras Salgadas es la que se ha convertido en una de las aguas de mesa más populares de Portugal. Su parque termal —rebautizado como Pedras Salgadas Spa & Nature Park— abarca 20 hectáreas, con 8 kilómetros de senderos y alojamientos turísticos —las Eco Houses, las Casas en los Árboles (apodadas Snake Houses) y las Casas Estudio, diseñadas por el estudio de Luís Rebelo de Andrade— que prometen una inmersión completa en el ecosistema. El balneario termal pasó por un proceso de recuperación entre 2002 y 2010, dirigido también por el arquitecto Álvaro Siza Vieira.

No es casualidad que Siza sea el arquitecto elegido para Vidago y Pedras Salgadas. Ambos lugares son propiedad de VMPS - Águas & Turismo, S. A., parte de Unicer (hoy Super Bock Group). Además del balneario, Siza se encargó de las piscinas públicas y de la Casa de Chá. El parque incluye el Museo Pedras Experience, pistas de tenis y amplios espacios para actividades y eventos al aire libre (muchos restaurados por Rebelo de Andrade), como el antiguo casino, la capilla de arquitectura románica y la transformación del Hotel Avelames.

A pesar de las similitudes, peor suerte corrieron las fuentes de Campilho. Sus aguas eran conocidas desde 1882 por sus propiedades curativas. En 1895, cuando el manantial, situado muy cerca del parque termal de Vidago, fue transformado en el Palacete Templo das Águas, comenzó a explo-

tarse comercialmente como Agua Mineral Gaso-
carbónica[9]. Pronto se construyó una industria embotelladora de agua mineral y de manantial bajo el
nombre comercial de Fonte Campilho. La fábrica
sigue en funcionamiento hoy en día, ofreciendo
visitas guiadas y degustaciones gratuitas de agua,
vendiendo tanto ediciones contemporáneas como
réplicas de las primeras botellas. Apenas unos
metros más allá, pasado el estacionamiento, se
encuentra el palacete —ahora en estado de aban-
dono—, que aún deja entrever la belleza de su arquitectura original.

El conjunto se articula en torno a tres volúmenes interconectados por un porche: la torre, la
fuente y los anexos. La torre, antiguamente em-
pleada como observatorio meteorológico, albergaba en su planta baja un laboratorio instrumental
desde el cual se registraban y analizaban las varia-
ciones del clima. Allí, una constelación de anemó-
metros, pluviómetros, higrómetros, barómetros
y termómetros componía un dispositivo sensible
para la lectura del mundo a través de sus fluctua-
ciones térmicas y atmosféricas. La fuente, núcleo
del edificio, se manifiesta como un volumen tectó-
nico bajo una cubierta a dos aguas revestida con
teja cerámica. En sus fachadas, los ventanales de

9. Adalberto Teixeira, «Agua minero-medicinal de Vidago Fonte Campilho», disertación inaugural de la Escola Medico-Cirurgica Do Porto, 1908.

hierro forjado y vidrios policromados tamizan la luz. Un lucernario proporciona iluminación cenital y facilita la ventilación del conjunto.

El interior se despliega en dos niveles: uno superior, destinado a los visitantes, con paredes recubiertas de mosaicos en gamas de azul y blanco que evocan la imaginería termal de principios del siglo XX y un pavimento hidráulico decorado con motivos florales. Desde un balcón de mampostería artesanal —realizado en Coimbra con troncos entrelazados y vaciados— se observa el nivel inferior, donde se concentraban las labores de embotellado y taponado. Allí emerge el manantial de aguas bicarbonatadas, sódicas y gasocarbónicas, saturadas de litio, flúor, hierro y trazas de arsénico. Fonte Campilho, influenciada por la popularidad de las casas de baños de Vidago y Pedras Salgadas, también planea una restauración integral de su Templo das Águas.

Vidago, Pedras Salgadas y Campilho son algunas de las paradas de la ruta termal que conecta Portugal con España. Cruzando la frontera hacia Galicia, y a unos minutos del pueblo de Verín, se encuentra el manantial de Cabreiroá. A su entrada, unas gárgolas con aspecto de tritón escupen el agua de la lluvia. La puerta está flanqueada por un análisis químico del catedrático de Farmacia José Casares Gil y un análisis higiénico que certifica la pureza de las aguas y su valor mineromedicinal, firmado por el científico y premio Nobel de Medicina Santiago Ramón y Cajal.

Dentro, en el centro del Templete de los Agüistas (1907), de planta octogonal, se erige una ampolla burbujeante con el agua del manantial. Hay algo hipnótico en ese frenesí de burbujas que brotan de abajo arriba, en una danza que dura ya más de cien años. Bajo ella se encuentra la fuente principal, a la que llega el agua a 17 grados centígrados, desde cientos de metros de profundidad, donde está sometida a una lenta mineralización. El manantial de Verín ya era un lugar de peregrinaje por la calidad de sus aguas pero, cuando en 1906 se calificó como de utilidad pública, su fama no hizo sino crecer.

La burbuja fue primero, y en torno a ella se construyó la arquitectura, de estilo modernista y decorada con pinturas costumbristas que hacen referencia a actividades en el campo a través de las estaciones del año. Detrás del templete se encuentra una fábrica de envasado, y frente a él, un hotel balneario que en la actualidad no está en uso (cerró definitivamente en 1961). El templete sigue abierto y su agua disponible para todo el que busque sus efectos curativos. Anunciadas como las «más alcalinas de España», «las más saludables, las más puras», «indispensables en las afecciones de estómago, intestino, hígado, riñón y diabetes», las aguas de mesa embotelladas de Cabreiroá prometen las mejores digestiones.

En Verín, que además de Cabreiroá cuenta con los balnearios Fontenova, Caldeliñas y Sousas, también se han reactivado recientemente los proyectos de rehabilitación para atraer el turismo a la comarca e impulsar la economía local, inspirados por sus vecinos portugueses de Chaves y con apoyo de fondos europeos Next Generation. Las afinidades de Chaves y Verín (entre ellas, una de las mayores concentraciones de aguas mineromedicinales de la Península) dieron lugar a la denominada Eurociudad del Agua. La obsesión del siglo XXI con el bienestar y la autooptimización, junto con los problemas generalizados de agotamiento, *burnout* y depresión —males de nuestro tiempo— han supuesto un auge del turismo de salud en esta y otras regiones, y reavivado el interés por las experiencias termales[10].

La popularidad de las ciudades balnearias tradicionales y de los complejos contemporáneos incentiva el reaprovechamiento de antiguos manantiales, la restauración de viejos balnearios y casas

10. En su libro *The Burnout Society*, el filósofo Byung-Chul Han describe cómo, en busca de la optimización personal y en nombre de la eficiencia, el sujeto neoliberal se rinde a la autoexploración, una compulsión que lleva al agotamiento, el *burnout* y la depresión.

de baños, la investigación de nuevos recursos y la creación de plantas envasadoras para satisfacer la creciente demanda de estas aguas. Nuevos desarrollos urbanos y turísticos atraen a visitantes como modernas fuentes de juventud.

SONRISAS EMBOTELLADAS

Nacidas como promesas de avance social, las tecnologías curativas hoy alimentan una industria global del bienestar valorada en miles de millones. *Los jueves, milagro* (1957), de Luis García Berlanga, sirve de caricatura de estos modelos de explotación donde confluyen las promesas de salud y las ambiciones económicas[11]. La película nos introduce en un grupo de habitantes de un pequeño pueblo español: el alcalde, el maestro, el médico, el terrateniente y el propietario del balneario. Juntos deciden inventarse un milagro que promocione las aguas locales y, de paso, incentive el turismo.

Los jueves, milagro también expone la relación entre los actos de fe, los estudios científicos y las oportunidades empresariales. Berlanga parece responder al auge que, entre las décadas de 1940 y 1960, tuvo la publicidad de las fuentes y balnearios termales en España, Portugal y otros países europeos. Los carteles publicitarios, etiquetas y postales de la época muestran personajes son-

11. Lluís Alexandre Casanovas Blanco y Miguel Montoya, *Riviére de Plata. Mitologías hidráulicas del desarrollismo español*, proyecto para la exposición *Wet Dreams*.

rientes disfrutando de las estancias en balnearios, con vasos de agua en mano, jugando al golf, saltando ágilmente al río, participando en banquetes y bailes de gala[12]. «La estancia ideal», prometen. Otros muestran las aguas embotelladas y enaltecen su efectividad contra las dolencias de aparato digestivo, garganta, estómago o piel, y su capacidad para desinfectar, cicatrizar, desinflamar. «Deja a los medicamentos en la sombra», afirma el agua sulfo-alcalina de Gestal. Las de Cabreiroá se precian de combatir las afecciones de estómago, intestino, riñón o la diabetes. Sus anuncios juegan con el aval del «sabio biólogo Ramón y Cajal» y las imágenes de personas trajeadas que sujetan en una mano un vaso de agua y posan la otra sobre el estómago.

La fiebre de las aguas mineromedicinales pronto se extendió más allá de los manantiales termales y sus industrias, dando lugar a nuevas oportunidades de negocio. Comenzaron a proliferar las fórmulas que recreaban y empaquetaban

---

12. Los archivos de la Empreza do Bolhão cuentan con una de las mayores colecciones de carteles de clientes, como la Empresa das Águas de Vidago y el balneario de Pedras Salgadas, que ilustra la evolución de la industria litográfica en el Portugal del siglo XX, desde 1923 hasta la década de 1990. Consulté estos archivos en el Museu de História e Etnologia da Terra da Maia, junto con Patricia Coelho y Juan Toboso, durante la investigación previa a la exposición *Compulsive Desires* [Deseos compulsivos].

las burbujas. También las que reproducían artificialmente los beneficios de elementos como el litio, presentes en las aguas, para hacerlos accesibles en la cocina de cualquier hogar.

El litio fue identificado por primera vez en 1817 por el científico sueco Johan August Arfwedson. Sin embargo, fue en el pueblo suizo de Henniez donde una compañía local de agua mineral comenzó a explotar sus propiedades medicinales y a difundir su fama. Aunque los beneficios de los manantiales de Henniez eran ya conocidos por celtas y romanos, no fue hasta 1688 que se construyó el primer balneario. En 1905, ya identificada la presencia de litio en las aguas y asociada a sus cualidades curativas, se crearía la Société des Bains et Eaux d'Henniez y, poco después, la primera planta embotelladora. Eau de Henniez Lithinée fue la primera agua mineral comercializada en toda Suiza, inicialmente como medicamento y luego como bebida diaria. Su éxito desató el interés por el agua litínica en otros países, donde manantiales con presencia del elemento y fórmulas comerciales de laboratorio comenzaron a rentabilizar sus propiedades.

En España y Portugal, el agua de litines (o simplemente litines) del Dr. Gustin se hizo popular entre 1880 y la Primera Guerra Mundial, coincidiendo con el auge de las aguas curativas de origen natural. Pero las burbujas y el litio del agua de litines no procedían de las entrañas de la tierra, sino de una fórmula artificial nacida de sobres de bicarbonato sódico y ácido tartárico que se añadía al agua de mesa y prometía mejores digestiones. Los polvos de litines se disolvían en los hogares de toda la Península, burbujeando en las cocinas y favoreciendo la industrialización de las promesas de placer, salud y energía.

Este fenómeno no se limitó a Europa. En Estados Unidos, una de las primeras aguas litínicas embotelladas fue Lithia Springs, en Georgia, lugar de un manantial natural ya conocido por las culturas nativoamericanas. Hacia 1888, las aguas atraían a tal número de visitantes que se desarrolló una nueva ciudad a pocos kilómetros del manantial, Austell. De forma similar a los casos de Portugal, España y otras regiones europeas, los dueños del manantial comenzaron a embotellar y vender el agua y a construir lujosos complejos hoteleros, como el Sweetwater Park Hotel. Sus instalaciones acomodaban a los que buscaban salud y ocio, especialmente a las clases privilegiadas. Allí podían disfrutar de tratamientos de desintoxicación que incluían baños de vapor de litio y masajes eléctricos para calmar la piel, el cuerpo y la mente, de los que saldrían sintiéndose más jóvenes, más delgados y con energía renovada.

La demanda de agua litínica creció tanto que comenzaron a proliferar otros productos embotellados, de los que muy pocos provenían de manantiales naturales. Algunos de ellos son refrescos tan populares como la Coca-Cola, que en sus primeras versiones se vendía en farmacias bajo el nombre de Lithia Coke. El litio también fue el ingrediente clave del 7-Up cuando se lanzó al mercado en 1929 como un medicamento patentado con el nombre Bib-Label Lithiated Lemon-Lime Soda. Su creador, Charles Leiper Grigg, aseguraba que el litio mejoraba el estado de ánimo de los consumidores. El eslogan «¡Sigue sonriendo! Refréscate con 7-Up», que acompañaba su publicidad, promovía la idea de que el éxito y el reconocimiento —ser deseables, sonrientes, triunfadores— podían alcanzarse a través del consumo.

La marca vendía mujeres felices («Todos aman a la chica con buena disposición»), esposas y madres con una sonrisa cálida y amigable («Todos los jóvenes aman a una madre alegre») y hombres capaces de mejorar en su trabajo y en el uso de sus recursos («Una buena disposición te ayudará a conseguir un mejor trabajo», «Cuanto mejor sea tu estado de ánimo, mayor control tendrás sobre tus energías»). También aseguraba lucidez mental y fortaleza personal («Puedes pensar con mayor claridad cuando tu disposición es buena» o «Mantén el buen humor y sigue fuerte»). Los niños de la familia nuclear tradicional tampoco quedaban fuera del mensaje publicitario: «Una sonrisa radiante siempre se asocia con una salud floreciente», afirmaba un anuncio. 7-Up prometía «una sonrisa en cada botella».

En 1948, la Administración de Alimentos y Medicamentos del Gobierno de los Estados Unidos (Food and Drug Administration, FDA) puso fin al auge de las bebidas de litio al prohibir la presencia de este elemento en los refrescos[13]. La falta de control en la administración y el consumo prolongado del producto despertaron la preocupación de la FDA por sus posibles efectos adversos para la salud. Tras la prohibición, las empresas que usaban litio en sus recetas, como 7-Up y Coca-Cola, reformularon sus bebidas y las sustituyeron por versiones azucaradas y carbonatadas que, a pesar del cambio, mantuvieron su popularidad. Sin embargo, aún es posible encontrar los sobres de litines en algunas farmacias y en rincones oscuros de internet. Al abrir uno y verterlo en el agua, suben las burbujas.

Las versiones embotelladas de aguas mineromedicinales naturales también continúan su éxito de mercado. Cabreiroá, por ejemplo, pertenece a la

13. *Time*, 1949.

empresa Corporación Hijos de Rivera S. L., dedicada a la producción, comercialización y distribución de bebidas, la más conocida de ellas la cerveza Estrella Galicia. En 2021, desde las profundidades de la montaña orensana, se produjeron más de 90 millones de litros de agua embotellada que facturaron 28,9 millones de euros. Água das Pedras, el agua que procede de los manantiales que alimentan el Hotel Vidago Palace y el complejo termal de Pedras Salgadas, es propiedad de la compañía Super Bock, empresa líder en el mercado portugués de bebidas. Desde el 1 de enero de 2008, Eau de Henniez Lithinée pertenece a Nestlé Waters. Y las aguas de Lithia Springs continúan comercializándose bajo la marca Lithia, promovida como «America's Fountain of Youth®». Se anuncia como la única fuente comercial de agua 100 % alcalina con litio totalmente natural que cualquier persona puede pedir *online* y recibir directamente desde su fuente original: Stone Mountain, una formación geológica que data de hace aproximadamente 300-350 millones de años.

Lithia Springs condensa las promesas centenarias de las aguas litínicas y de las fuentes de juventud: salud, longevidad, memoria, creatividad, rendimiento y energía. Si los anuncios de 7-Up simbolizaban el renovado optimismo en Estados Unidos tras la Segunda Guerra Mundial, con una cultura del consumo en auge y campañas publicitarias llenas de sonrisas, las aguas de Lithia Springs evocan algo más profundo: la enigmática sonrisa de una tortuga ancestral que resguarda el manantial. Sus aguas, procedentes de varios kilómetros de profundidad, conectan el presente con un pasado misterioso.

Durante siglos, los manantiales mineromedicinales han sido espacios de convergencia entre cuerpos y territorios, entre memorias de sanación y tecnologías del cuidado no siempre codificadas por la ciencia médica. Las propiedades de sus aguas y sus componentes —objeto de análisis químicos y rituales empíricos— han sido interpretadas como portadoras de capacidades regenerativas, físicas y espirituales. El litio, que como ya hemos visto se identificó como elemento químico en 1817, no se asoció de inmediato con fines terapéuticos. Sin embargo, aun sin pruebas concluyentes sobre su eficacia médica, empezó a ser codiciado por sus supuestas virtudes: bálsamo contra la melancolía, modulador del ánimo y alivio para dolencias crónicas como la gota y el reumatismo. A finales del siglo XIX, el médico danés Carl Lange —cuyos estudios sobre la fisiología de las emociones anticiparon debates contemporáneos acerca de la corporalidad del afecto— propuso el litio como tratamiento para prevenir la depresión recurrente. En 1886 publicó un estudio pionero donde señalaba los efectos beneficiosos del citrato de litio en pacientes diagnosticados con trastornos psiquiátricos, inscribiendo así este elemento en una historia de cuerpos regulados, emociones medicadas y paisajes extractivos por venir[14].

A lo largo del siglo XX, numerosas pruebas científicas avalaron el papel del litio en los tratamientos psicofarmacológicos. En 1970, la misma FDA que había prohibido las bebidas litínicas en Estados Unidos aprobó su utilización en el tratamiento de pacientes con trastorno bipolar, un uso que sigue hoy en vigor[15] para el que suele prescribirse en forma de pastillas. Diversos estudios científicos realizados a partir de 1990 sugieren que niveles más altos de litio en el suministro de agua pública estarían relacionados con índices más bajos de suicidios, homicidios y violaciones[16]. El litio presente de forma natural en el agua potable podría ayudar a la estabilización del estado de ánimo de la sociedad, algo que ha dado lugar a todo tipo de especulaciones y propuestas para añadir litio en los suministros de agua en momentos de crisis[17]. Para algunos sectores de la comunidad

14. Schioldann, 2011, pp. 108-130.
15. Johnson, 1984.
16. Memon et al, 2020, pp. 667-678.
17. Zarse et al, 2011, pp. 387-389.

médica y científica, el litio es un agente terapéutico con el potencial de intervenir en un amplio espectro de trastornos del estado de ánimo y formas de demencia, frente a las cuales la medicina convencional aún ofrece respuestas limitadas[18].

Una sociedad sonriente, con buena predisposición y rejuvenecida es, también, el sueño del sistema neoliberal ante el desgaste colectivo que él mismo provoca, permitiendo una técnica gerencial basada en un ciclo de extracción, agotamiento, paliación y reexplotación, que se extiende más allá de lo humano para impactar todo el medio ambiente[19].

18. Raza, Doumas y Afzal, 2023.
19. Estos argumentos se han desarrollado en el libro *Litio: Estados de agotamiento*, 2021. En particular, véase Christie Pearson, «The Architecture of the European Mineral Spa», pp. 20-23.

LO QUE GUARDAN LAS MONTAÑAS

La luz de las bombillas apenas deja entrever la fila para la cena. Cada persona lleva un plato, un vaso y cubiertos que, al terminar el almuerzo, enjuagan bajo el hórreo de la Quinta do Cruzeiro. Cuando llego a la barra me doy cuenta de que olvidé coger los utensilios, pero enseguida Mariana y Joana me ofrecen compartir los suyos. La comida es preparada por los colectivos y atiende a las diferentes necesidades de los participantes. Este año, el cuarto consecutivo, ha sido el más multitudinario en el campamento de Barroso.

Organizado por la asociación Unidos em Defesa de Covas do Barroso, el campamento ha reunido a más de trescientas personas entre habitantes locales, gentes de la región y aquellos movilizados en solidaridad desde Alemania, Argentina, Colombia, España, Estados Unidos, Francia, Italia, México, Reino Unido o Serbia en apoyo a la lucha contra la minería. Al llegar, nos juntamos en grupos de trabajo horizontales, cada uno con responsabilidades que incluyen desde limpieza y ayuda a la preparación de comidas hasta la organización de acciones y de espacios de cuidado. El ritmo de cada jornada fluye en torno a la cocina colectiva, talleres, presentaciones, conciertos, bailes, paseos, debates y conversaciones en portugués, español, francés e inglés.

Situada en una región montañosa del norte de Portugal, lugar de biodiversidad y de tradiciones culturales ancestrales, a pocos kilómetros de Vidago y Pedras Salgadas, la comunidad del Barroso reúne a todas estas personas para protestar por su designación como zona de sacrificio. Sus tierras contienen litio y, desde 2016, el Gobierno portugués y la Comisión Europea han impulsado proyectos de extracción en esta región, que se anuncia como una de las mayores reservas de litio de Europa. Estos esfuerzos se han intensificado aún más reivindicados ideológicamente por el nuevo pacto verde de la Unión Europea en 2020 y por la inestabilidad geopolítica. Bajo el pretexto de una transición hacia la economía verde y la autonomía energética, se están impulsando un conjunto de leyes para garantizar el suministro de materias primas estratégicas, como el litio, y desarrollar cadenas de valor completas dentro de las fronteras de la UE.

El litio, aquel elemento que contenía promesas de bienestar físico y psicológico, y que llevaba más de cien años siendo recetado para tratar la manía y, más tarde, el trastorno bipolar, es hoy conocido como un componente fundamental de baterías ligeras y baratas. Material crítico para el almacenamiento de energía renovable, para los teléfonos móviles, vehículos eléctricos, baterías de centros de datos e impulsor del desarrollo de *ciudades inteligentes*, el litio suele presentarse como clave para esta transición energética. Existe en alta concentración en solo unos pocos lugares de la Tierra. Los mayores *productores* son Australia, Chile y China.

En los últimos años se han multiplicado los esfuerzos por encontrar yacimientos en Europa, donde la extracción de litio se presenta como un proyecto de interés común, clave para asegurar la generación de energía y empleo más allá de los combustibles fósiles. Sin embargo, estos marcos legales, políticos e ideológicos también proporcionan un pretexto a las multinacionales y sus representantes locales para extraer una gama más amplia de materiales más allá de la etiqueta verde, que incluye cobre, oro, uranio y tierras raras.

En Covas do Barroso y en Romainho, pertenecientes al municipio de Boticas, la empresa británica Savannah Resources pretende excavar la mina de Barroso. En Montalegre, la empresa paraestatal Lusorecursos, creada para recibir fondos europeos, intenta imponer la mina de Romano. Ambas compañías llegaron a la región como resultado de un plan nacional de prospección e investigación destinado a apoyar a las empresas interesadas en buscar litio en ocho zonas, que suponen alrededor del diez por ciento del territorio continental portugués. El mapa que localiza dónde se distribuyen las solicitudes y concesiones del sector minero en Portugal parece, como lo define la activista y poeta Cheila Rodrigues, «un queso gruyer»[20]. A raíz de las protestas dentro y fuera de sus fronteras, Portugal redujo de ocho a seis el número de posibles explotaciones mineras. La mina de Barroso y la mina de Romano se encuentran entre ellas, aun amenazando a montañas enteras y a sus habitantes, en nombre de futuros verdes alimentados por litio.

Savannah Resources y Lusorecursos no solo están interesadas en lo que guardan las montañas. Los derechos de prospección y explotación de litio son, en sí mismos, una mercancía, un futuro que las empresas compran y venden, haciendo dinero con la eventual extracción y la consiguiente destrucción de un ecosistema. Para ello proyectan la posibilidad de enormes minas sobre Barroso. Hacen circular su imagen en planos, panfletos, videografías e informes. En documentos fabricados por las empresas mineras que

20. Cheila Rodrigues en conversación con Marina Otero Verzier, Design Academy Eindhoven, 2 de noviembre de 2022.

muestran este lugar como un relieve sin apenas detalle ni vida, un mero depósito de recursos que extraer. Los suelos, transformados en líneas o sombreados uniformes. Las montañas y sus intrincados ecosistemas de vida, reducidos primero a entidades discretas y luego a minas y canteras, fuentes de materiales que dan forma a nuestros objetos de deseo. Los cortes, detonaciones y los procesos de extracción alterarán estos enclaves para siempre, sublimándose en relatos heroicos de cómo la voluntad humana y sus tecnologías doblegan la naturaleza.

A estas imágenes propagandísticas y representaciones abstractas que coinciden, con demasiada frecuencia, con los imaginarios materiales que impulsan proyectos de arquitectura, se enfrentan las historias de los habitantes locales, quienes, dejando a un lado su cotidianidad para luchar contra el extractivismo, alertan sobre los impactos de la minería en el ecosistema y en la vida de los seres que lo habitan. La montaña invertida de Barroso aún no se ha excavado, pero la herida ya está abierta, supurando en el territorio, desgarrando las estructuras sociales que resisten contra una maquinaria respaldada por gobiernos nacionales y europeos y sueños trasnochados de progreso.

Bajando por el sendero desde el centro de Covas do Barroso, parte del grupo llega al río y se sienta alrededor de los árboles, en la orilla o directamente se zambulle en sus aguas. La lucha de Covas no es posible si la resistencia no se acompaña del cuidado. Godofredo, Ernesto, Susana y yo vamos directos al agua. Entre el frenesí de humanos y perros, alguien señala la montaña que preside el lugar. La mina la partiría y desviaría el río. La imagen de un agujero profundo, ruidoso y tóxico en lugar de este paisaje es una perspectiva inconcebible y, sin embargo, profundamente angustiante.

No deja de ser paradójico que la Unión Europea promocione la región como un destino de salud y bienestar basado en el agua y, simultáneamente, fomente la minería en el territorio, y por consiguiente el agotamiento de la capa freática. Las minas de Barroso y de Romano se han proyectado a pocos kilómetros de Chaves y Ourense, donde se encuentran las fuentes y balnearios de Vidago, Pedras Salgadas, Fonte Campilho o Cabreiroá, que son parte de la llamada Eurorregión Termal y del Agua. Esta región, definida dentro del Programa Operativo de Cooperación Transfronteriza España-Portugal, posiciona el agua y el termalismo como recursos estratégicos capaces de dinamizar la economía local y nacional.

La proliferación de proyectos mineros pone en riesgo la calidad y cantidad de estos manantiales locales y sus aguas minerales naturales, haciendo necesario decidir qué futuro merecen estas comunidades y ecosistemas. «No a la mina, sí a la vida». [Não às Minas, Sim à Vida] se lee en los carteles y pancartas que llenan cada rincón de Barroso, palabras que también pronuncian los habitantes mientras caminan por las calles y pasan frente a la sede de Savannah Resources.

ALIANZAS

Desde 2018, los habitantes de Covas do Barroso, junto con un amplio grupo de actores sociales y comunidades afectadas por la extracción de litio, han ejercido una oposición directa y judicial contra la mina de Barroso. Además de soportar la presión de los poderes que han designado este ecosistema, sus seres y sus modos de existencia como un lugar de sacrificio, la comunidad de Covas es acusada de impedir la transición energética, el futuro verde poscombustibles fósiles dependiente del litio. Es presentada como inculta, atrasada, egoísta y animalizada.

El llamado progreso se ha logrado históricamente a costa del sacrificio de algunas vidas en favor de otras, mediante la abstracción y objetivación de cuerpos y territorios para ponerlos al servicio del trabajo, la acumulación de capital y el lucro de unos pocos. La transición verde neoliberal no es una excepción. Sigue dependiendo de industrias extractivistas para mantener viva la promesa de un crecimiento infinito y sostener el consumo desmedido cuando el planeta ya no puede más.

El litio que las empresas mineras esperan arrancar de las entrañas del Barroso se exportará a otros territorios, cada vez más al norte, como Alemania, donde será procesado en una refinería cercana a Bitterfeld-Wolfen, al este del país y, más tarde, usado como componente fundamental en baterías de coches eléctricos. Cuando preguntamos al director de la refinería del grupo AMG Critical Resources por qué no se extrae litio de Alemania, responde con convicción: «Contamina demasiado»[21].

De momento, AMG importa litio extraído de minas en Brasil. No por mucho tiempo. En línea con los intereses de la Comisión Europea, han adquirido recientemente los derechos de explotación de la mina de Barroso, un atajo lucrativo para avanzar hacia la tan ansiada autonomía energética. Para AMG, esta es una oportunidad de capitalizar lo que se ha denominado «el mayor proyecto de extracción de litio de Europa», sin atender a la lucha de las comunidades loca-

21. Pude visitar las inmediaciones de la refinería AMG en Bitterfeld-Wolfen durante el Festival Osten, al que fui invitada por el equipo del festival y la Bauhaus Dessau Foundation a dar una conferencia sobre el litio. Estaba previsto que tras mi conferencia en Rathaus Bitterfeld-Wolfen el 15 de junio de 2024, el director de la mina y yo entabláramos una conversación pública, pero canceló su intervención en el último minuto. Sus declaraciones se hicieron durante las conversaciones previas al evento con el equipo del festival.

les contra la devastación ambiental que el cumplimiento de sus compromisos con los inversores conllevará inevitablemente[22]. Por su parte, Savannah Resources considera esta colaboración como «un gran paso para mitigar los riesgos del Proyecto de Litio Barroso» y garantizar «la financiación necesaria para completar sus actividades actuales»[23].

Estas declaraciones caen duro en Barroso. La superficie pulida de los dispositivos tecnológicos en los que termina el litio nos hace olvidar la violencia de la que dependen. Son, en palabras del filósofo Michael Marder, producto de «la desarticulación, la fractura de una totalidad a instancias de otra: la del capital»[24]. Compañías como Savannah Resources justifican semejante destrucción mostrando una geografía yerma. Pero las montañas de Barroso no son cúmulos de materia inerte, no guardan mercancías ni productos —designaciones que justifican su extracción—. Un puñado de su suelo contiene más vida que todos los humanos en el planeta. Billones de bacterias de miles de especies diferentes habitan un solo gramo de tierra fértil y conforman una parte intrínseca de un ecosistema vivo.

22. «AMG Critical Materials Acquires a Strategic Stake in Savannah Resources», nota de prensa de AMG, 20 de junio de 2024.
23. Ibíd.
24. Marder, 2020, p. 61.

Aida Fernandes, presidenta del Consejo Directivo de los Baldíos de Covas do Barroso, y Nélson Gomes, presidente de la asociación Unidos en Defensa de Covas do Barroso, una organización de conservación medioambiental creada en defensa de los intereses de las comunidades, son dos de las figuras fundamentales en la oposición a la mina de Barroso y trabajan desde hace años por proteger este ecosistema[25]. Con su labor han conseguido inspirar a una multitud de aliados, dentro y fuera de Portugal, que denuncian cómo los sueños energéticos se hacen realidad a expensas de comunidades que llevan la carga por todas y todos nosotros[26].

Allí están, apoyando a Covas do Barroso, Paloma, que dejó atrás Francia, y Mariana, que pausó su doctorado en Ámsterdam para entregarse al movimiento antiextractivista. Está Paulo, cuya película *A Savana e a Montanha,* protagonizada por los propios habitantes del Barroso, se estrenó en el festival de Cannes y se muestra durante la acampada. También están el colectivo

25. Petición de la Associação Unidos em Defesa de Covas do Barroso para la preservación del medio ambiente, del patrimonio y de la salud y calidad de vida en Covas do Barroso, dirigida al presidente de la Asamblea de la República, Dr. Eduardo Ferro Rodrigues, al ministro de Medio Ambiente, Dr. João Pedro Matos Fernandes, y al ministro de Economía, Dr. Pedro Siza Vieira.
26. Ver Marder, 2017.

Montalegre Com Vida y el grupo Acción Floresta Viva, de la Serra da Estrela, que enfrentan proyectos mineros en sus propios territorios. Llegaron compañeros de Galicia, como Suído-Seixo, y de Francia, como Allier-Échassières. Hay sindicalistas que hablan de vínculos entre los movimientos laborales y ecológicos, y comunidades de baldíos que han gestionado estas tierras colectivamente durante siglos, ahora amenazadas por las corporaciones y por el Gobierno. Se sumaron incluso los mineros de la Asociación de ex Trabajadores de las Minas de Uranio (ATMU), que con su presencia y sus historias encarnadas hicieron visible lo que tantos prefieren ignorar: cómo proyectos como el de Covas destrozan, poco a poco, la salud de las personas, las comunidades y el ecosistema entero[27].

Todos estos grupos son retratados como los culpables de boicotear la descarbonización, el beneficio económico y el *desarrollo*. Un *desarrollo* que depende de industrias que abren heridas en montañas y comunidades, en su suelo y en sus profundidades, rompiendo en pedazos todo lo que existe para explotarlo. Ante sus protestas algunos se preguntan: si no es en Covas do Barro-

27. Para un relato detallado de lo acontecido en el campamento en defensa de Covas do Barroso de agosto de 2024, véase el artículo de Filipe Olival y Francisco Colaço Pedro.

so, ¿dónde?, aceptando la devastación ambiental y social como el coste inevitable del progreso. La cuestión, sin embargo, es si estamos preparados para resistir los deseos compulsivos y vivir adecuadamente en la Tierra. La llamada transición verde es en vano si no se hace junto a una reconsideración de la ética de una sociedad fundada en el extractivismo y el consumismo. Incluso cuando nos enfrentamos a la catástrofe climática, tendemos a considerar inevitable la necesidad de más materiales, más energía y confiamos en encontrar nuevas soluciones técnicas en lugar de adoptar otras formas de vida.

En este contexto, imaginar nuevas culturas energéticas es primordial para abrazar una forma diferente de estar en el mundo. El trabajo de Marder sobre el pensamiento ecológico, la teoría política y la fenomenología es fundamental para esta búsqueda. Marder discute la relación de la filosofía con la energía. Adopta un marco de la física, concretamente el marco de la electricidad aplicado al concepto de energía, para reflexionar sobre las implicaciones de los hábitos actuales de extracción y consumo. Según Marder, la concepción de la energía que está ligada a las actividades mineras descarta la actualidad —lo que existe— en favor de la potencialidad —los posibles beneficios futuros—[28]. Apostamos y subastamos el futuro mientras llevamos a cabo acciones que eliminan la posibilidad de tener un futuro.

28. Marder, 2017.

ESTALLIDOS

La lucha continúa en Covas do Barroso. Cada día, sus habitantes tratan de frenar los trabajos de construcción de la mina. No están solos. Su batalla frente a la extracción de litio en el norte de Portugal se conecta con la de otros territorios donde el afán de energía y lucro instrumentaliza el planeta. En Argentina, Bolivia y Chile, la industria del litio priva a las comunidades indígenas de acceso al agua[29]. En Namibia, República Democrática del Congo y Zimbabue, se han documentado abusos contra los derechos humanos y casos graves de corrupción en torno a las minas[30]. En Gornje Nedeljice, Serbia, los sondeos de la empresa Rio Tinto en busca de litio ya han provocado contaminación[31]. Un grupo de científicos afirma haber detectado concentraciones elevadas de boro, arsénico y litio en el agua del río Jadar tras las perforaciones. Además, la compañía ha empezado a adquirir y demo-

29. He analizado las implicaciones de la extracción del litio en Argentina, Bolivia y Chile durante mi trabajo como coeditora del libro *Litio: Estados de agotamiento* y del *Aerocene Newspaper II*.
30. Hairsine, 2023.
31. Rybak, 2024.

ler parcialmente viviendas, dejándolas en ruinas y haciendo cada vez más difícil la vida de quienes aún se resisten a sus presiones[32].

La falta de consulta y de distribución de los beneficios de las iniciativas implementadas en esos y otros territorios, junto con el desprecio por sus derechos sociales y ambientales, evidencian cómo los intereses corporativos y estatales se imponen a costa de las vidas locales y sus medios de subsistencia. Comunidades inmersas en lo que Enrique Dussel llama, hablando del contexto latinoamericano, la falacia del desarrollo o la imposición de la modernidad como modelo de gobernanza universal[33]. Esta falacia ha levantado a comunidades, pero también ha movido gobiernos. El ex primer ministro de Portugal, Antonio Costa, tuvo que dimitir en 2024 como consecuencia de un escándalo por la corrupción política y económica que envuelve los procesos de concesión de licencias de la mina de Barroso, la mina de Romano y MadoquaPower2X, una planta de producción de hidrógeno verde y amoníaco. Motivaciones políticas, más que ambientales, impulsaron los proyectos que terminaron en su salida del Gobierno.

32. Ibíd.
33. Ver Dussel, 2012, pp. 28-58.

La situación del litio es, como tantas otras en esta era de incertidumbre, volátil. Las oscilaciones de precio son síntoma de un sistema desbordado por su propia lógica extractiva. En 2024, la valoración del carbonato de litio cayó al punto más bajo en tres años, constatando el desajuste entre la sobreproducción global y las demandas fluctuantes de un mercado obsesionado con la electrificación y la industria automotriz impulsada por baterías como solución redentora. Los productores, en una coreografía ya conocida, retienen sus excedentes mientras los precios continúan cayendo, aguardando un eventual repunte.

Esta volatilidad del litio no se limita a su desempeño en los mercados globales. En la red circulan miles de vídeos que documentan explosiones de baterías en teléfonos móviles, discos duros portátiles, patinetes y bicicletas eléctricas. Aunque la mayoría de nuestros dispositivos electrónicos mueren al ritmo de la obsolescencia programada, algunos se sobrecalientan y arden. Es precisamente su alta densidad energética lo que convierte a las baterías de litio en un motor de los sueños de progreso, pero también de sus detonaciones. Su estallido es una metáfora inquietante de la naturaleza inflamable y la inestabilidad de la sociedad que alimentan, así como del límite extremo al que someten a ciertos seres y ecosistemas.

Suelo imaginar que todos los ecosistemas desplazados al dinamitar y excavar las gigantescas montañas invertidas, que luego alimentan las baterías de nuestros dispositivos tecnológicos, explotan en solidaridad con los estallidos sociales. Estas protestas, tanto de las organizaciones humanas como de las más que humanas que conforman estas montañas, sacuden las ilusiones cartesianas que sustentan los procesos de abstracción, desde la mina hasta los objetos de consumo. Revelan la violencia inherente a las economías del deseo impulsadas por el mercado, que fomentan el consumo de objetos y estilos de vida insostenibles prevalentes en el norte global. Ante este escenario de ecosistemas exhaustos, se vuelve urgente imaginar y construir relaciones sociales, materiales y energéticas alternativas.

Como señala Marder, concebimos la energía como algo que la Tierra guarda, y que extraemos y almacenamos, para eventualmente liberarla y ponerla al servicio del trabajo[34]. Un imaginario similar rodea a la materia, que comúnmente percibimos como una mercancía pasiva, algo que debe ser manipulado y cuyas propiedades deben instrumentalizarse para convertirse en material con valor económico. Esta visión utilitaria de la

34. Marder, 2017.

energía y la materia implica inevitablemente la destrucción de vidas[35]. A su vez, define los procesos de diseño que, al igual que la minería, se basan en la abstracción y la objetivación del entorno. En este contexto, la arquitectura desempeña un papel fundamental en canalizar el deseo desmedido de consumo, perpetuando las prácticas extractivas que lo sostienen. Sin embargo, es posible reconfigurar la relación con las montañas, reconociéndolas, como ya hacen muchas culturas, no como depósitos de materia y energía, sino como seres. También, imaginar un deseo liberado de las ambiciones del mercado.

En Covas do Barroso, la comunidad moviliza el deseo como una energía creativa y colectiva que da forma a modos de existencia y sistemas alternativos de valor e intercambio. Su anhelo por la vida no es una pulsión compulsiva capitalista que captura la imaginación y las relaciones, promoviendo el individualismo y el productivismo. Es, en cambio, una fuerza transformadora capaz de superar la violencia del extractivismo: esa que fractura, desarticula y dispersa, rompiendo las conexiones entre los seres que conforman la montaña, desde el horizonte hasta sus profundidades. En estas montañas rebeldes, el deseo de

35. Marder presentó también estos argumentos durante el seminario *Compulsive Desires* (Oporto, 7-11 de mayo de 2022).

vida se erige como un límite a los deseos compulsivos del capitalismo.

MONTAÑAS REBELDES

Es media tarde. En el taller de máscaras barrosanas, un grupo de personas trenza ramas de junco, sentadas bajo un árbol. Jorge, conocido por sus caretos del entrudo (carnaval) de Misarela, guía los movimientos. Algunos participantes diseñan sus propias máscaras, otros las hacen para que alguien más las lleve. «Estamos invocando a las aves», dice una de las mujeres mientras se cubre la cara con una estructura puntiaguda.

Las máscaras son parte fundamental de la marcha desde Covas do Barroso hacia Romainho. Allí se abraza el espíritu del entrudo o entroido, una tradición firmemente arraigada en la comunidad local con la que se encarna al animal y la fuerza de la montaña en trajes, máscaras y rituales. Practicada desde tiempos ancestrales y transmitida de generación en generación a través de la antigüedad romana, la cristianización y el feudalismo, la celebración se ha enriquecido con las influencias de la migración hacia y desde los continentes americano y africano. El entrudo, como argumenta Felipe-Senén López, invade todo lo *civilizado*, todo lo que ha sido corrompido por los deseos compulsivos del capitalismo[36]. Mientras que la lógica cartesiana de la industria minera implica la subyugación y explotación de la montaña, el entrudo lleva esa misma montaña —fuerzas, seres y bestias— al ámbito urbano, trastocando sus coreografías cotidianas.

Las máscaras median entre vidas presentes, pasadas y futuras. Con ellas se invoca a los pájaros y a tantas otras criaturas que habitan las montañas. Al hacerlo, el baile enlaza a Barroso con otras tierras. Con las tradiciones, los territorios y las amalgamas multiespecie de Atacama, Cáceres, Zacatecas o Potosí, su reino ancestral y las generaciones por venir. Fusionando lo individual y lo colectivo, las escalas y los tiempos, estas acciones invitan a reclamar y usar el cuerpo como un medio generativo. Frente al despojo —esa apropiación violenta de tierras, derechos y devenires—, la performatividad política del entrudo trae consigo indignación y el deseo de activar otras formas de relacionalidad[37].

En el entrudo gallego y portugués, al igual que en las estrategias políticas alrededor de las

36. Lobato Sánchez y López Gómez, 2020, p. 116.
37. En *Dispossession: The Performative in the Political*, Judith Butler y Athena Athanasiou argumentan que el concepto de desposesión conlleva un doble significado: por un lado, la apropiación violenta de tierras, cuerpos, deseos, derechos y relaciones sociales por parte del Estado y, por otro, la desposesión que nos establece como seres interdependientes y relacionales.

cuales la profesora de Antropología Marisol de la Cadena ha desarrollado su trabajo, las montañas son seres-Tierra y los humanos son humanos, «pero no solo». Lo que el consumo frenético de energía está destruyendo, argumenta De la Cadena, son esos participantes cruciales en las prácticas de creación del mundo que complican la categorización y compartimentación de los seres, que detienen temporalmente la explotación del mundo.

Contra estos procesos de destrucción, De la Cadena aboga por una «política a través de la divergencia», lo que Isabelle Stengers ha llamado «intereses en común que no son los mismos intereses»[38]. Una estrategia similar es la que Godofredo Pereira describe como «alianzas no naturales» entre humanos y más-que-humanos, entre escalas macro y micro, entre tiempos y generaciones, entre ecologías mentales, sociales y físicas. Estas formas de solidaridad son indispensables para construir una resistencia colectiva frente al extractivismo y sus efectos de desfuturización[39]. En Barroso se encarnan en los baldíos —tierras comunales protegidas que de-

38. Marisol de la Cadena y Mario Blaser eds., 2018, p. 4.
39. De la contribución de Godofredo Pereira al seminario *Compulsive Desires*. Ver también sus trabajos «Anomalous Alliances: Nature and Politics in the Yasuní Proposal», 2017, y «EX-HUMUS: Collective Politics from Below», 2018.

safían la lógica de la propiedad privada también denominadas «monte vecinal en mancomún»— y en prácticas como el entrudo. Si la minería resulta en degradación ambiental, social y mental y se presenta como un mal menor en nombre del progreso, estas alianzas responden a la violencia y la discriminación con la fuerza de la supervivencia, la imaginación y el deseo.

Cuando cae la tarde, nos reunimos a la entrada de la finca que aloja la acampada. Este invierno ha sido cruel y hoy toca celebrar. Además de los múltiples procesos judiciales interpuestos para frenar el proyecto de la mina en Barroso, la comunidad ha sostenido siete meses de bloqueo diario contra las máquinas que invadieron los baldíos. Una resistencia no violenta, alimentada por la dedicación y la solidaridad de quienes, bajo el agua, la nieve o el viento, han defendido el territorio.

Una persona se acerca, emocionada al reconocer la máscara que llevo. «La hizo ella», me dice su amiga. La había elegido apenas unos minutos antes entre las que Jorge había dispuesto para el grupo. Le ofrezco que la lleve ella misma. «¡Es de todas!», responde. Comienza la música. También los bailes. Y los cánticos que acompañan la marcha hasta Romainho, la aldea vecina. «Barroso no se vende, se cuida y se defiende», corea una multitud de todas las edades y procedencias. «Quieren acabar con las sierras, Barroso», «No lo vamos a permitir», «El pueblo resistirá».

Desde las ventanas, balcones, jardines, algunos residentes de Covas saludan y aplauden, otros se suman a la comitiva. Muchas casas exhiben carteles: «No a la mina, sí a la vida». El grupo se divide, haciéndose a los lados del camino. Una furgoneta llega con Aida Fernandes, Nelson Gomes, sus hijas Sofía y Gabriela y materiales para la celebración. Quieren seguir la marcha desde atrás, pero les abrimos paso y aplaudimos. Estamos aquí por su determinación, por hacernos parte de su vida y de su causa.

Los cantos continúan mientras el sol se oculta tras la línea irregular del horizonte. Desde la cabecera de la marcha se pide silencio: unas vacas cruzan el camino y no queremos que se asusten. «¡Qué guapas!», susurra Carla. Estamos a unos 200 metros de los terrenos donde Savannah Resources pretende iniciar su proyecto minero. Ahí, en silencio, contemplando la belleza de las montañas, se hace difícil comprender cómo un futuro que se dice común puede edificarse sobre la ruina de un ecosistema como este.

Al llegar a la plaza de Romainho, comienza el baile de nuevo. Pájaros humanos, adornados con las máscaras creadas durante la acampada, brincan entre el gentío, hablando de un futuro en el que la lucha contra la minería se habrá ganado y la comunidad de Barroso podrá, por fin, bajar la guardia. Reconozco a Cheila tras un pico hecho de juncos, bailando y cantando. Lleva días preparando la acción y está agotada, pero la emoción es más fuerte que el cansancio.

El horno comunal está encendido y listo para la pizza. La parrilla se prepara para recibir la carne y los chorizos. En una mesa cercana, la bebida se dispone a cambio de un donativo voluntario. Mientras comemos y bebemos, la música y los bailes continúan, prolongándose durante toda la noche, acompañados de historias compartidas de resistencia y creatividad en el medio rural. El comunicado de la nueva Red Global Anti-Extractivista hace un llamado al cuidado, al apoyo mutuo y a la solidaridad internacional frente a las pulsiones autodestructivas del capitalismo neoliberal. Con el micrófono abierto para quien quiera participar, Carlos Libo ofrece una actuación, la familia de Xoan se atreve con canciones tradicionales gallegas, también suenan fados y composiciones propias creadas por los presentes. Cuando la música para momentáneamente, Sofia, la hija mayor de Aida, pronuncia un discurso:

Este año nuestras raíces se han profundizado y extendido aún más en busca del sustento de la solidaridad. Mañana quizás tengamos que ir de nuevo a la sierra para volver a depositar nuestros cuerpos como ofrenda a alguna deidad, pero hoy bailamos, comemos y reímos. Durante meses la gente de los pueblos ha trabajado en turnos diarios para evitar que la maquinaria entrara en la tierra comunal, y han sido repetidamente identificados por la policía y vigilados de diversas maneras por empleados de la empresa. Estos meses han dejado sus huellas de cansancio físico y emocional, y de angustia e incertidumbre, por eso la acción de protesta se viste de fiesta de júbilo y celebración. Frente a los que quieren asfixiarnos, sumamos las victorias de la nueva vida y honramos la resistencia y la persistencia del pueblo que se mantiene firme.

A POCOS METROS DEL ABISMO

La provincia histórica de Trás-os-Montes e Alto Douro, donde se encuentran Covas do Barroso y Romainho, y el sur de Galicia son regiones conocidas por las riquezas que albergan sus montañas. Las minas abandonadas de wolframio, y los agujeros que dejaron, son testimonio de los procesos extractivos en la región y eventos geopolíticos del pasado.

Hoy, mientras se tratan de sanar las heridas que dejó la minería del siglo XX, la fiebre del litio vuelve a amenazar el equilibrio ecológico de la zona. En Covas do Barroso, la resistencia al embate de las empresas mineras se enfrenta a la presión corporativa y al respaldo explícito de sucesivos gobiernos y de la Unión Europea, que ven en estos proyectos de extracción una solución a sus agendas de transición energética. Peligros similares acechan a las comunidades de Galicia.

La empresa canadiense IberAmerican Lithium, que posee los derechos para desarrollar las minas Alberta II y Carlota, en Avión, Ourense, ha anunciado el hallazgo de un «cinturón» de litio que se extiende entre el norte de Portugal y Galicia. Según su director general, «la Unión Europea está ejerciendo presión sobre España y Portugal para que desarrollen este cinturón de litio» con el objetivo de «reducir la dependencia de los principales países productores como Chile, Australia o China»[40]. Estas políticas exponen la paradoja de una transición ecológica que pone en riesgo el mismo medio ambiente que promete proteger.

Aunque en esta región trasfronteriza los minerales se han arrancado de las montañas a la fuerza, también emergen inesperadamente a la superficie a través de manantiales termales de aguas que contienen los mismos recursos endógenos que las corporaciones mineras persiguen extraer. La falla tectónica de Corga, que atraviesa el territorio, es responsable de la abundancia de aguas mineromedicinales que brotan del subsuelo y que se despliegan en un sistema de ríos, playas fluviales, baños (como los de Muíño da Veiga), balnearios (como Vidago y Pedras Salgadas) y fuentes (como Cabreiroá).

La confluencia de prospección minera y fuentes de aguas termales en torno al litio pone de manifiesto el papel crítico de este elemento, tanto en proyectos energéticos que alimentan dispositivos tecnológicos como en el bienestar de quienes los operan. En los siglos XIX y XX, las aguas litínicas

40. Silva, 2024.

eran buscadas como remedio para las dolencias causadas por la rápida industrialización, sostenida por la quema de combustibles fósiles que mantenía en funcionamiento a las máquinas y a sus operarios. Hoy, en el siglo XXI, el litio se presenta como clave en la transición hacia una economía descarbonizada, aunque sin cuestionar un ritmo de producción y consumo que lleva al planeta y a sus habitantes al límite.

Los futuros alimentados por el litio que se perfilan para esta zona del noroeste peninsular parecen irreconciliables. Por un lado, las minas prometen transformar el territorio en un centro de extracción y procesamiento. Por otro, las arquitecturas termales ofrecen la posibilidad de consolidar la región como un enclave dedicado al cuidado ecológico y la salud. La confluencia es improbable. Las actividades mineras plantean riesgos sustanciales para los sistemas hídricos que sostienen estas fuentes y sus ecosistemas. La problemática se hace aún mayor cuando superponemos los proyectos sobre el plano: las minas previstas en Covas do Barroso y Montalegre están situadas a poco más de 30 kilómetros de Vidago y Pedras Salgadas, y las proyectadas en Avión se encuentran a tan solo 23 kilómetros de un conjunto significativo de termas a lo largo del río Miño.

La cercanía hace inevitable el impacto. Estudios realizados por profesionales independientes, como el Grupo de Investigação Territorial (G.I.T.), integrado por Godofredo Pereira, Jacob Bolton, Mingxin Li, Antonio del Giudice y Tiago Patatas, han hecho públicos los efectos que la mina de Covas do Barroso tendría en el territorio. A través de análisis cartográfico y visualización 3D, y en conversación con científicos y habitantes de la región, han puesto en evidencia los errores y riesgos ocultos en la evaluación de impacto ambiental presentada por Savannah Resources[41]. Su investigación desmenuza la propuesta de la compañía, representándola mediante un modelo tridimensional del territorio en el que se sitúan todos los elementos de la mina a escala: cuatro pozos excavados con explosiones diarias, varios depósitos de residuos, tres escombreras para desechos rocosos, una presa de relaves, sistemas de canales y presas para el desvío de agua, instalaciones industriales para el triturado y lavado de roca y carreteras[42].

41. En marzo de 2023, el G.I.T. lanzó su primer proyecto cinematográfico: *Montanha Invertida* [Montaña invertida] con el objetivo de apoyar la lucha contra la mina de litio a cielo abierto planificada en Covas do Barroso. La película fue presentada por primera vez en la exposición *Compulsive Desires*.
42. Savannah Resources, *Ampliação da Mina do Barroso, Estudo de Impacte Ambiental, Resumo Não Técnico*, Agência Portuguesa do Ambiente.

La construcción de estos elementos requiere la extracción de las capas superiores del suelo —y de todo lo que se interponga en su camino— hasta alcanzar la roca. Este proceso de terraformación arrasa con estructuras que sostienen una red de vida compleja: desde hongos y bacterias hasta especies vegetales e insectos, reptiles, mamíferos y aves. Asimismo, afecta gravemente a actividades como el pastoreo, la agricultura y la silvicultura, que son pilares de la economía y la cultura local.

Resulta cuanto menos sorprendente que esta violencia se ejerza precisamente en un territorio, el de Barroso, reconocido como Sistema Importante del Patrimonio Agrícola Mundial (SIPAM) por la Organización de las Naciones Unidas para la Agricultura y la Alimentación (FAO). Este reconocimiento lo reciben agroecosistemas habitados por comunidades que viven en relación simbiótica con su entorno. Barroso es la primera región portuguesa que recibe esta clasificación. Se une a un reducido número en Europa, con un total de ochenta y nueve lugares en todo el mundo, caracterizados por una gran biodiversidad agrícola, la presencia de conocimientos tradicionales, de elementos culturales y paisajes de valor incalculable gestionados de manera sostenible por sus habitantes.

La relación intrínseca entre la montaña y sus seres que valora este reconocimiento se debe en gran parte a la estructura ecosocial de los baldíos, que constituyen la base material de la organización y la administración de los recursos en esta región transfronteriza. Tras sobrevivir desde la época medieval, los baldíos de Barroso están hoy amenazados por las compañías mineras, que buscan apropiarse de una parte significativa de estas tierras y evitar que los vecinos accedan a ellas al menos durante los quince años que dure la explotación de la mina.

Desde 2017, la comunidad de Barroso ha impedido que la empresa Savannah Resources acceda a los terrenos comunales. Sin embargo, en contra de su voluntad, en diciembre de 2024, la Secretaría de Estado de Energía de Portugal concedió una servidumbre administrativa que autoriza su acceso durante un año, permitiendo a la compañía avanzar con las prospecciones necesarias y así cumplir con el informe de conformidad (RECAPE) establecido en la Declaración de Impacto Ambiental otorgada por la Agencia Portuguesa de Medioambiente[43]. Tras el anuncio, las máquinas comenzaban los trabajos de nivelado y a instalar plataformas de prospección.

Mientras avanzan, crece la angustia de los habitantes ante la inminente aparición de una enor-

---

43. *Diário da República*, 2024.

me mina a cielo abierto a las puertas de sus casas y, con ella, la contaminación. Como demuestra el estudio desarrollado por el G.I.T., la proximidad de la mina expone a la población local a efectos negativos desde el inicio de las operaciones: ruido, nubes de polvo y vibraciones provocadas por explosiones, maquinaria en funcionamiento y el constante tránsito de camiones.

Estas condiciones pueden deteriorar la calidad de vida en las aldeas y alterar profundamente los ecosistemas de sus paisajes ancestrales, lugares que las comunidades han cuidado y amado durante generaciones. Como solución, Savannah propone la creación de una barrera vegetal que reduzca el impacto visual y sonoro[44], pero la visualización fotogramétrica del G.I.T. revela que las especies seleccionadas necesitarían al menos veinte años para alcanzar una presencia significativa.

Excavar la montaña también tendría un impacto en los lazos hídricos que infunden vida a esta región. La minería de litio requiere enormes cantidades de agua. Según detalla el informe de impacto ambiental de Savannah Resources, se necesitarán 570 millones de litros en el primer año y 510 millones en los años siguientes de explota-

44. *Ampliação da Mina do Barroso, Estudo de Impacte Ambiental, Resumo Não Técnico.*

ción[45]. Para satisfacer esta demanda, la compañía propone interrumpir el cauce natural de varios ríos y acumular su caudal mediante la construcción de presas junto a los pozos de la mina.

Este desvío de los recursos hídricos agravaría las situaciones de sequía, afectando tanto a las comunidades locales como a aquellas otras más al sur que dependen del agua de sus embalses. Las excavaciones y desplazamientos de tierra asociados a la minería a cielo abierto, además, alteran los flujos naturales del agua, haciendo desaparecer muchos de los riachuelos que actualmente nutren las tierras de cultivo, sostienen la biodiversidad y dan de beber a las vacas barrosanas. Estas alteraciones cambian los patrones de drenaje natural, disminuyendo el nivel freático en algunas áreas, incluidas las fuentes y manantiales termales localizados en los alrededores.

La competencia por el agua no es el único problema. Los productos químicos utilizados en el procesamiento del litio, como ácidos y reactivos, junto con los relaves, pueden filtrarse hacia los acuíferos y cursos de agua cercanos. Los relaves, un barro tóxico que se acumula en estructuras como presas o balsas —construidas generalmente con materiales de desecho del propio proceso mi-

45. Ibíd., p. 80.

nero— son inherentemente inestables. La estabilidad de estas estructuras depende en gran medida de la cantidad de agua que contengan: cuanta más agua, mayor es la probabilidad de que se comporten como fluidos y colapsen. De hecho, el 84 % de las presas de relaves falla sin detonantes aparentes como sismos o grandes tormentas[46]. Estos accidentes, más comunes de lo que imaginamos, han causado la muerte de cientos de personas y liberado enormes cantidades de material tóxico en las cuencas de ríos próximos a las presas, lo que ha puesto a estas estructuras bajo escrutinio global.

Savannah Resources no parece inquietarse por los riesgos. Basta con observar su propuesta: un monumento precario al despojo, compuesto por una escombrera de 193 metros de altura y presas de relaves aguas arriba. Esta solución, más económica, diseñada para paisajes áridos, revela un profundo desacoplamiento con las condiciones hidrometeorológicas de Barroso[47]. Aquí, donde el agua se desliza por todas partes, filtrándose y desbordándose, no hay forma de contenerla completamente. La adopción de esta infraestructura es técnicamente inadecuada y éticamente insostenible. Un fallo de estas balsas supondría la con-

46. Según un estudio realizado por el Comité Internacional de Grandes Represas (ICOLD por su nombre en inglés).
47. Emerman, 2021.

taminación del río Covas, situado a apenas unos metros, cuyas aguas, al conectarse con ríos intermedios, terminan llegando al Duero[48]. El impacto sería considerable.

Las comunidades cercanas a los puntos de extracción no solo se enfrentan al trauma de ver destruidas las montañas a las que pertenecen y que son su sustento. Pueden enfermar debido a la contaminación del aire, la tierra y el agua, ver destruida la biodiversidad acuática, ver afectadas sus actividades económicas y el equilibrio de todo un ecosistema. Con el respaldo del Gobierno portugués y de la Comisión Europea, Savannah Resources sacrifica las montañas y sus estructuras de coexistencia, poniendo en riesgo a todos los seres que dependen de ellas.

48. Ibíd.

OTRAS CULTURAS ENERGÉTICAS

La historia del litio y sus arquitecturas, desde el manantial hasta la mina, de la cápsula a la pila, está intrínsecamente ligada a los trastornos y los desequilibrios energéticos que este elemento promete aliviar. Hoy, la búsqueda y el consumo de litio —ya sea para baterías, aguas mineralizadas o farmacología— están en el centro de debates cruciales sobre la energía verde y la medicalización social. Como señala la investigadora Susana Caló, tanto lo mental como lo ecológico han sido financializados progresivamente, atrapados en lógicas de cuantificación y eficiencia[49]. En este marco, los cuerpos y las montañas son forzados a operar bajo el mantra de la productividad y la rentabilidad capitalista. Cuando surgen fracturas que los desbordan o los rompen, el mercado responde paliando su sufrimiento con fórmulas químicas o compensaciones ambientales, perpetuando un sistema que evita confrontar su propia violencia estructural.

49. Contribución de Susana Caló al seminario *Compulsive Desires*. Véase también su texto «The Financialisation of the Mental», 2018.

Frente a estas tendencias, Caló propone revisitar el concepto de «ecologías mentales», desarrollado por Félix Guattari en su obra *Las tres ecologías*[50], influenciado por su colaboración con Gilles Deleuze. Según este pensamiento, la crisis ecológica no se limita al ámbito medioambiental, sino que atraviesa las esferas social y mental. La alienación provocada por las dinámicas capitalistas, tecnológicas y de control en la sociedad contemporánea pone en jaque las relaciones entre el individuo y el mundo. Esta situación exige una reorganización profunda de los modos de existencia, el rechazo de la concepción tradicional del sujeto como ser autónomo y la superación del pensamiento antropocéntrico. Así, se vuelve esencial crear nuevas subjetividades que desafíen y reconfiguren las normas establecidas, reconociendo que somos, inseparablemente, el resultado de nuestras interacciones con el entorno.

La *ecosofía* entrelaza estas tres ecologías —la medioambiental, la social y la mental— y subraya la importancia del cuidado de la mente como parte integral de la política y el activismo ecológico[51]. Un entorno social y ecológico saludable está conectado a una mente libre de estructuras opresivas. Cuando decimos que la minería abre heridas

50. Guattari, 1990.
51. Ibíd., p. 8.

en montañas y comunidades, hablamos precisamente de esta relación entre las tres ecologías y de cómo las conexiones ecológicas dañadas por los modelos antropocéntricos de desarrollo sustentan el extractivismo, degradan las relaciones sociales y afectan la salud mental. La demanda creciente de litio, ya sea a partir de las rocas o de las aguas, ejemplifica este entrelazamiento entre el extractivismo y la salud mental, y nos confronta con una pregunta fundamental: ¿qué prácticas permiten abrazar otras formas de vida en lugar de perpetuar la dependencia de descubrir constantemente nuevas fuentes de energía?

Puede que la respuesta no esté lejos del problema. Para hallarla, no es necesario abandonar el norte de Portugal y Galicia, un territorio que hemos recorrido siguiendo los manantiales y balnearios, los proyectos mineros y las historias de resistencia ciudadana y activismo medioambiental. Sus poblaciones, conocidas por sus tradiciones de comunitarismo, comparten fuertes vínculos que se remontan a tiempos ancestrales: una historia y cultura común, características geológicas y socioeconómicas similares y luchas compartidas.

Son estas tierras las que engendran lugares como las Termas de Bande, en las orillas del río Limia a su paso por Porto Quintela, Ourense, una de las excepciones, junto con las de Muíño da Veiga, donde la aparición de aguas mineralizadas curativas no ha evolucionado hacia un negocio comercial. Ambas aguas tienen carácter bicarbonatado sódico, resultado de procesos fundamentales en la formación de las rocas graníticas, así como flúor, sulfuros, boro y, por supuesto, litio[52].

Cada día, la gente se reúne aquí, desnudándose y sumergiéndose, flotando de un lado a otro entre las aguas cálidas ricas en litio que descienden de la montaña y las frías del embalse que, durante los meses de verano, sumergen parcialmente los baños. Es en estas experiencias corporales donde se perciben los intrincados procesos térmicos y materiales que conectan la fisiología humana con la del planeta. En esa colectividad y en esa relación con la energía, encontramos una inspiración para imaginar arquitecturas del bien común y la buena vida.

Las aguas de Bande eran ya conocidas mucho antes de los desarrollos del siglo XIX que dieron origen a la red de balnearios de la región y a los procesos de terraformación a los que, sorprendentemente, ha logrado sobrevivir. Los romanos elogiaron estas aguas como vitales para usos terapéuticos y recreativos, tanto en la vida

52. *Mapa de rocas y minerales industriales de Galicia*, pp. 59-60.

militar como en la civil. Entre los años 69 y 79 d. C., construyeron lo que hoy se considera uno de los asentamientos romanos mejor conservados de la península ibérica. El complejo de Aquis Querquennis incluye los restos de una mansión, un campamento militar y un sistema de baños termales al aire libre que operaban a temperaturas de entre los 36 y los 48 grados. Abandonado hacia el año 120, no fue hasta la década de 1920 que este enclave fue redescubierto y volvió brevemente a utilizarse como balneario. Pero no por mucho tiempo.

En 1948, el lugar sucumbió a los desarrollos que simbolizaban la convergencia entre el poder eléctrico y político de la España franquista. Aquis Querquennis fue sumergido bajo las aguas del embalse de As Conchas, un lago artificial que se extiende unos 14 kilómetros y cubre un área de 645 hectáreas, financiado en parte con los ingresos de la minería del wolframio y sus exportaciones a la Alemania nazi[53]. Las más de siete mil expropiaciones necesarias para la construcción del embalse forzaron la reubicación de pueblos enteros y dejaron bajo el agua algunas de las tierras más fértiles de la región, junto con las memorias y vidas que albergaban.

53. Ver Carmona Badía, 2016, y Carvalho, 2010.

As Conchas, inaugurado en 1949 y gestionado por la compañía hidroeléctrica Fenosa, alteró radicalmente la vida en A Baixa Limia, convirtiéndose en un símbolo de la tensión entre los proyectos energéticos e industriales expansivos y la preservación sociocultural y ambiental. Casi cuarenta años después, en 1985, ya en una España democrática, un grupo de arqueólogos descubrió entre los escombros dos bañeras romanas. Desde entonces, el Ayuntamiento de Bande, en colaboración con la Confederación Hidrográfica del Miño-Sil, ha trabajado en la recuperación de pequeñas piscinas, vestigios tanto de la infraestructura romana como de los baños del siglo XIX, devolviendo parcialmente la memoria termal a la región. Las aguas del embalse, sin embargo, cada vez más saturadas por los vertidos de la ganadería intensiva porcina y aviar, amenazan nuevamente la continuidad de las termas. La acumulación de contaminantes evidencia cómo los modelos extractivos continúan comprometiendo los ciclos vitales de la región.

Llegamos a Bande al atardecer, tras un día entero en Covas do Barroso, donde caminamos, conversamos y compartimos el almuerzo con sus habitantes, tejiendo alianzas y afectos en torno a su lucha. Recorrimos los parajes que podrían ser borrados por la apertura de la mina, mientras imaginábamos futuros alternativos, formas de habitar que desafíen la lógica del sacrificio. Estamos cansados; ha sido un día cargado de emociones. Al llegar, nos despojamos de la ropa y, poco a poco, cada cual elige la temperatura en la que desea sumergirse. La mayoría termina congregándose en una de las termas, cubierta parcialmente por las aguas del embalse, que hoy tienen color azulado. Nos entregamos a un balanceo sensual entre las zonas de agua caliente y burbujeante, y aquellas atravesadas por un frescor penetrante, dejando que las sensaciones marquen el compás de esta transición líquida.

Allí, disfrutando de este regalo de la montaña granítica, conversando sobre alternativas al modelo extractivista, en lo que Cheila Rodrigues define como una «bathassembly» (asamblea de baño), participamos en una práctica de resistencia y de cuidado colectivo, abrazando nociones de energía alejadas de las ejemplificadas por la mina que acecha Covas y la presa que casi sumerge completamente Bande.

Con los últimos rayos de sol, aún en remojo, comparto mi preocupación de cómo ser una buena aliada de la comunidad de Covas do Barroso y de quienes están en la primera línea de las luchas ambientales. «Be with» [sé con], dice entonces Marisol de la Cadena, que nada a mi lado[54]. *Sé con* las montañas rebeldes.

54. La obra de Marisol de la Cadena invita a superar las categorías cartesianas, a abrazar las formas de ser del «entre», el «intersticio» (in between) y a «estar con» (be with). Según esta cosmovisión, las montañas no deben ser tratadas como fuentes de materiales sin vida, sino como seres de la Tierra. Véase también su libro *Earth Beings: Ecologies of Practice across Andean Worlds*, 2015.

COMPOSTAJE

Cuando las personas se sumergen en baños públicos, su piel, su cabello, sus fluidos se mezclan, liberando microbios que flotan en el agua. En esta «colectividad húmeda», los cuerpos coexisten y se entrelazan, y los límites entre ellos se desdibujan[55]. Contra la noción de la piel como armadura y del baño como una actividad privada y mecanizada, este encuentro revela una arquitectura porosa y colectiva. Una de humedad, viscosidad y flacidez, que también se manifiesta en los actos de respirar, menstruar, eyacular y descomponer(se).

Entendidas de este modo, las arquitecturas del baño pueden actuar como contrapunto a la atomización de la sociedad neoliberal, a las construcciones binarias, al antropocentrismo. Sin embargo, en la mayoría de los casos, los baños se diseñan para mantener la ilusión de que los organismos tienen límites precisos y que las fugas son

---

55. «Colectividad húmeda» (en inglés, «Wet-Togetherness») fue un concepto clave de la 13.ª Bienal de Shanghai 2021, *Bodies of Water*, organizada y promovida por la Power Station of Art y comisariada por Andrés Jaque con un equipo curatorial compuesto por Marina Otero Verzier, Lucia Pietroiusti, Filipa Ramos y You Mi.

evitables[56]. Válvulas y barreras organizan la circulación y contención de los fluidos para prevenir intercambios indeseados[57]. Mangueras, tuberías, alcantarillas, llaves de paso y conductos escondidos detrás de paredes, en sótanos o bajo techos, deciden qué líquidos entran en nuestros mundos y cuáles salen, introduciendo o extrayendo elementos para mantenerlos ocultos. Como recuerda Mark Wigley, la arquitectura se convierte en una técnica para gestionar la vergüenza psico-sexual humana[58].

A pesar de estos esfuerzos, persisten los goteos. La existencia en este mundo es inseparable de la producción de secreciones. Los intentos de la arquitectura por controlar las materias fluidas a través de límites disciplinarios acaban enfrentán-

56. *Your Restroom is a Battleground* (2021), de Matilde Cassani, Ignacio G. Galán, Iván L. Munuera y Joel Sanders, desafía esta visión convencional al situar los baños como espacios en disputa que configuran la forma en que los cuerpos y las comunidades se encuentran, donde la religión, la raza, la capacidad, la higiene, la salud, las preocupaciones medioambientales y la economía desempeñan un papel fundamental. El arquitecto Pol Esteve también contribuye a desnaturalizar las concepciones heteronormativas de los baños analizando la arquitectura de los cuartos oscuros, los clubes de sexo gay y las saunas como espacios para el intercambio de deseos y fluidos corporales.
57. En su libro *Mies y la gata niebla: Ensayos sobre arquitectura y cosmopolítica*, Andrés Jaque posiciona estos dispositivos como una arquitectura que desafía las estructuras dominantes de las ciudades contemporáneas y, en particular, la presión inmobiliaria.
58. Mark Wigley ha escrito diferentes artículos sobre la arquitectura de las tuberías. Véase, por ejemplo, «The Excremental Interior», 2022, o «Pipeless Dreams», 2015.

dose a desbordamientos de lo reprimido. Obsesionarse con mantener la ilusión de una impermeabilidad absoluta nos hace olvidar que necesitamos apreciar esta colectividad en descomposición que es el mundo: un festín de celebración de vida.

Así es como se forman los baldíos que caracterizan la región de Barroso: tierras comunales que son el resultado de un continuo proceso de compostaje de restos orgánicos y minerales que, con el tiempo, se integran en el suelo. Estos baldíos son espacios vivos, tejidos por siglos de interacción entre humanos, animales, plantas y microorganismos, donde el ciclo de la vida y la muerte construye paisajes fértiles que engendran y sustentan estas comunidades. Lo mismo ocurre con sus aguas. Allí, en las profundidades de la montaña, se enriquecen con minerales que, al ser arrastrados por los manantiales y ríos, se incorporan al metabolismo del entorno y de sus habitantes humanos y no humanos. Es un proceso de digestión y transformación constante en el que las montañas sostienen la vida y son parte de quienes las habitan.

Las dinámicas de explotación a gran escala alteran este equilibrio e interrumpen los ciclos lentos de regeneración. Así, las tramas ecológicas se fragmentan y los seres vivos pierden su vínculo con los ritmos que históricamente les han dado aliento. La energía, la salud y la belleza se convierten entonces en productos industriales de consumo. Sin embargo, ninguna de ellas es una posesión individual ni exclusivamente humana. Son elementos constitutivos de un deseo colectivo que atraviesa existencias pasadas, presentes y futuras. Un deseo que no se orienta hacia el consumo capitalista, sino que, como describe el biólogo Andreas Weber, se manifiesta como un impulso erótico esencial para la vida, incitando a los seres a relacionarse profundamente con la tierra y con quienes la habitan[59]. Es un anhelo fluido, una fuerza que impulsa a entrelazarse y construirse mutuamente, desafiando la tendencia a instrumentalizar y subyugar al otro que ha eliminado posibles futuros para humanos y no humanos.

Salgamos de Barroso y volvamos, por un momento, a la fuente de la juventud con la que comenzamos este relato. Intentemos ahora imaginar esa piscina de cuerpos en remojo y transformación desde una perspectiva renovada. Una en la que la fuente de la juventud —y todas las que se inspiraron en ella— abandona su disfraz industrial y deja de estar al servicio de la lógica de la optimización. Si entrecierro los ojos, vislumbro una arquitectura de compostaje donde se practica la convivencia

59. Ver Weber, 2017.

entre seres diversos, tanto en su generación como en su descomposición. Relaciones contingentes, tejidas en torno a las materias fluidas, que revelan una colectividad más allá de los límites humanos, dando lugar a lazos de solidaridad, encarnación y deseo. Veo una arquitectura húmeda, donde las montañas y las criaturas que las forman se encuentran en un abrazo generoso, compartiendo su energía y su devenir.

Nota de la autora

Mi primera aproximación al litio tuvo lugar en el marco del proyecto *Burn-Out,* desarrollado en el Departamento de Investigación del Het Nieuwe Instituut, que dirigí entre 2015 y 2022. En ese contexto, desarrollé junto a Anastasia Kubrak una investigación que dio lugar, primero, a una exposición y, posteriormente, al libro *Litio: Estados de agotamiento* (ARQ y HNI, 2022), coeditado con Anastasia Kubrak y Francisco Díaz. Este trabajo se centró en la extracción de litio en el Salar de Atacama, Chile, y sus múltiples impactos.

La investigación sobre los proyectos de extracción de litio en el norte de Portugal fue posible gracias al apoyo de la Galería Municipal do Porto (GMP), entonces dirigida por Filipa Ramos. Dicho trabajo, desarrollado en colaboración con Godofredo Pereira y Susana Caló, profundizó en las implicaciones sociales, ecológicas y territoriales de la minería de litio en esta región. Estas ideas fueron presentadas en el seminario *Compulsive Desires: On Lithium Extraction, Endless Growth, and Self-Optimisation* (GMP/Hotelier, 7–11 de mayo de 2022), que contó con las ponencias de Marisol de la Cadena, Susana Caló, Anastasia Kubrak, Michael Marder,

Godofredo Pereira, Alonso Barros, Catarina Alves Scarrott, Aida Gomes y Nelson Gomes (Unidos em Defesa de Covas do Barroso), Cheila Colaço Rodrigues (XR Lisboa y Minas Não), el Grupo de Investigación Scales of Climate Justice (Royal College of Art), Montaña Chaves (Plataforma Salvemos la Montaña) y Rolando Humire y Vitor Afonso (Movimento Não às Minas de Montalegre). Las presentaciones están disponibles en: https://www.galeriamunicipaldoporto.pt/en/programas/colectivos-plaka/20220507-sonhos-de-energia-desejos-compulsivos-sessao-publica-1/.

Este seminario fue fundamental para la preparación de la exposición *Compulsive Desires: On Lithium Extraction and Rebellious Mountains* (GMP, 25 de marzo – 26 de mayo de 2023). La investigación sobre la extracción de litio en Galicia y Portugal también formó parte de la exposición *Wet Dreams* en CentroCentro (Madrid, 2024), ambas comisariadas por mí. Asimismo, esta investigación fue incluida en la edición portuguesa del libro *Lítio: Estados de Exaustão* (Dafne Editora, 2023).

Desde 2023 he llevado a cabo estancias e investigaciones en Vidago, Pedras Salgadas, Fonte Campilho, Verín, Termas de Bande y Muíño da Veiga. Gracias al apoyo del hotel, tuve la oportunidad de alojarme en el Vidago Palace y conocer en detalle sus interiores y el proyecto de renovación. Además, he participado activamente en los últimos cuatro campamentos en defensa de Covas do Barroso. Estas experiencias han nutrido el presente libro, que recoge y amplía reflexiones previas sobre los impactos de la minería de litio en distintos territorios y su resistencia.

Bibliografía

BUTLER, Judith y ATHANASIOU, Athena (2013). *Dispossession: The Performative in the Political.* Cambridge: Polity Press.

CADENA, Marisol de la (2015). *Earth Beings: Ecologies of Practice across Andean Worlds.* Durham: Duke University Press.

CADENA, Marisol de la y BLASER, Mario (eds.) (2018). A *World of Many Worlds.* Durham: Duke University Press.

CALÓ, Susana (2018, 11 de mayo). «The Financialisation of the Mental», en *DUE.* Londres: AASchool.

CARMONA BADÍA, Xoan (2016). *La Sociedad General Gallega de Electricidad y la formación del sistema eléctrico gallego (1900-1955).* Sabadell: Fundación Gas Natural Fenosa.

CARVALHO, Hilda (2010, 7 de diciembre). «Dinero nazi financió al Banco Pastor y a Unión Fenosa», en *Diagonal.*

«CASE of the Substitute Salt» (1949), en *Time,* núm. 53.

D'ERAMO, Marco (2022, 17 de agosto). «Odourless Utopia», en *Sidecar, New Left Review* [«Utopía inodora», *El Salto,* 22 de agosto de 2022].

DESPACHO 14474/2024, de 6 de diciembre. Ambiente e Energia - Gabinete da Secretária de Estado da Energia. *Diário da República* 237/2024, Série II de 06-12-2024.

DÍAZ, Francisco, KUBRAK, Anastasia y OTERO VERZIER, Marina (eds.) (2021). *Litio: Estados de agotamiento,* Rotterdam / Santiago de Chile: Het Nieuwe Instituut / Ediciones ARQ.

DUSSEL, Enrique (2012). «Transmodernity and Interculturality: An Interpretation from the Perspective of Philosophy», en *Journal of Peripheral Cultural Production of the Luso-Hispanic World,* 1 (3).

EMERMAN, Steven H. (2021, 6 de junio). «Evaluation of the Tailings Storage Facility for the Proposed Savannah Lithium Barroso Mine, Northern Portugal». Comisión Económica de las Naciones Unidas para Europa (The United Nations Economic Commission for Europe, UNECE). Informe elaborado a petición de Povo e Natureza do Barroso.

ESTEVE, Pol (2025). *Arquitecturas peligrosas*. Barcelona: Puente Editores.

GIEDION, Sigfried (1948). «The Mechanization of the Bath», en *Mechanization Takes Command. A Contribution to Anonymous History*. Nueva York: Oxford University Press.

GUATTARI, Félix (1990). *Las Tres Ecologías* [*Les Trois Ecologies*, 1989]. José Vázquez Pérez y Umbelina Larraceleta (trads.). Valencia: Pre-Textos.

HAIRSINE, Kate (2023, 16 de noviembre). «Lithium mining in Africa reveals dark side of green energy», en *Deutsche Welle*.

HAN, Byung-Chul (2015). *The Burnout Society*. Redwood City: Stanford University Press [*La sociedad del cansancio* (2022). Barcelona: Herder].

JAQUE, Andrés (2019). *Mies y la gata niebla: Ensayos sobre arquitectura y cosmopolítica*. Barcelona: Puente Editores.

LOBATO SÁNCHEZ, Xurxo y LÓPEZ GÓMEZ, Felipe-Senén (2020). *Galicia é unha festa. Galicia es una fiesta. Festivities & Feasts in Galicia*. Vigo: Autor-Editor.

MAPA de rocas y minerales industriales de Galicia (2008). Madrid: Instituto Geológico y Minero de España.

MARDER, Michael (2017). *Energy Dreams: Of Actuality.* Nueva York: Columbia University Press

— (2020). «For the Earth That Has Never Been», en *Stasis,* vol. 8, núm. 1 (*Terra, Natura, Materia*).

MEMON A., Rogers I. , Fitzsimmons S., Carter B., Strawbridge R., Hidalgo-Mazzei D. y Young A. H. (2020). «Association between Naturally Occurring Lithium in Drinking Water and Suicide Rates: Systematic Review and Meta-Analysis of Ecological Studies», en *The British Journal of Psychiatry,* vol. 217.

NEIL, Fredrick (1984). *Johnson, The History of Lithium Therapy.* Londres: Macmillan.

NOÉ, Paula (2003). «Hotel Palace em Vidago», en SIPA – Sistema de Informação para o Património Arquitectónico.

OLIVAL, Filipe y COLAÇO PEDRO, Francisco (2024, 22 de agosto). «Somos muitas e não somos números. Um relato do 4º Acampamento em Defesa do Barroso», en *Jornal Mapa.*

PEARSON, Christie (2021). «The Architecture of the European Mineral Spa», en *Litio: Estados de agotamiento, op. cit.*

PEREIRA, Godofredo (2017). «Anomalous Alliances: Nature and Politics in the Yasuní Proposal», en *Axiomatic Earth – Anthropocene Curriculum & Campus.* Berlín: Haus der Kulturen der Welt.

— (2018). «EX-HUMUS: Collective Politics from Below», en *Dispatches Journal.*

RABINBACH, Anson (1992). *The Human Motor. Energy, Fatigue, and the Origins of Modernity.* Berkeley: University of California Press.

RAZA, Sehar, DOUMAS, Stacy y AFZAL, Saba (2023). «Lithium: Past, Present, and Future», en *Psychiatric Times*, vol. 40.

RYBAK, Andrzej (2024, 8 de noviembre). «Why don't they mine it in Germany? How a lithium mine is dividing Serbia», en *Neue Zürcher Zeitung*.

SAVANNAH RESOURCES (2021). *Ampliação da Mina do Barroso, Estudo de Impacte Ambiental, Resumo Não Técnico*. Agência Portuguesa do Ambiente.

SILVA, Bárbara (2024, 23 de diciembre). «IberAmerican alerta para "colisão" entre minas de lítio na Galiza e norte de Portugal», en *Jornal de Negócios*.

SCHIOLDANN, Johann (2011). «"On periodical depressions and their pathogenesis" by Carl Lange (1886)», en *History of Psychiatry*, vol. 22.

WIGLEY, Mark (2015). «Pipeless Dreams», en *Buckminster Fuller Inc. Architecture in the Age of Radio*. Zurich: Lars Müller Publisher.

— (2022, septiembre). **«**The Excremental Interior», en *Digestion, e-flux Architecture*.

WEBER, Andreas (2017). *Matter and Desire: An Erotic Ecology*. Vermont: Chelsea Green Publishing.

ZARSE K., Terao T., Tian J., Iwata N., Ishii N. y Ristow M. (2011). «Low-dose lithium uptake promotes longevity in humans and metazoans», en *European journal of nutrition*, vol. 50.

Registro fotográfico

Fuente de San Geraldo, cerca de la iglesia de São Martinho, Bornes de Aguiar, Portugal. Fotografía de Alvão, c. 1930. Centro Portugués de Fotografía.

«Nenos nas burgas de Pontevea», Burga de Xermeade, 1912.
Fotografía de Varela (Santiago de Compostela).
Museo do Pobo Galego. Fondo Ricardo Blanco Cicerón.

La fuente de la eterna juventud, Lucas Cranach el Viejo, 1546.

Atrio del balneario de Pedras Salgadas, Portugal,
renovado por el arquitecto Alvaro Siza Vieira.
Fotografía de Duccio Malagamba.

Ampolla burbujeante del manantial de Cabreiroá, Verín, Ourense.
Fotografía de Marina Otero Verzier, 2023.

VIDAGO—PORTUGAL

PALACE HOTEL—VESTÍBULO

GRANDE HOTEL DE VIDAGO

No dia 1 de Junho de cada anno abre o grande hotel e suas dependencias.

Vestíbulo del Hotel Vidago Palace,
de la publicación *Estancias portuguesas de aguas minero-gaseosas*.

Postal con ilustración del Grande Hotel de Vidago.
Archivo Pedras Salgadas. Colección privada.

VIDAGO-PALACE-HOTEL, SOBRE O LAGO-FACHADA

15—Panorama de Pedras Salgadas

1—Hotel Universal 2—Nascente D. Fernando 3—Nascente Maria Pia e Club Hotel 4—Hotel Avellanes
5—Casino 6—Balneario 7—Grande Hotel 8—Pavilhão das Nascentes 9—Campo dos jogos 10—Estação
do Caminho de Ferro 11—Hotel do Norte 12—Grande lago a e b—Parque da Companhia.

Postal de la fachada del Hotel Vidago Palace y su reflejo en el lago. Caldevilla
Grafica, Porto. Archivo Pedras Salgadas. Colección privada.

Postal «Panorama de Pedras Salgadas».
Archivo Pedras Salgadas. Colección privada.

Mujer transportando agua embotellada de Pedras Salgadas. Fotografía de Joshua Benoliel, 1907. Imagen cedida por el Arquivo Nacional da Torre do Tombo.

«Fresh Up – Keep Smiling!». Anuncio en prensa de 7-Up, 1945.

Cascada en Pedras Salgadas. Fotografía de Emílio Biel & Cª.
Centro Portugués de Fotografía.

Termas romanas de Porto Quintela, en el municipio de Bande, Ourense.
Fotografía de Marina Otero Verzier, 2023.

Vista exterior de la ampliación del Hotel Vidago Palace,
diseñado por Álvaro Siza Vieira. Cortesía del Hotel Vidago Palace.

El spa de Pedras Salgadas, diseñado por Álvaro Siza Vieira.
Fotografía de Duccio Malagamba.

Poster y calendario Aguas de Vidago. Archivo Empreza do Bolhão.
Cortesía del Museo de Historia y Etnología de Terra da Maia, Portugal.

Cartel de Empreza do Bolhão por António Cruz Caldas, años cuarenta.

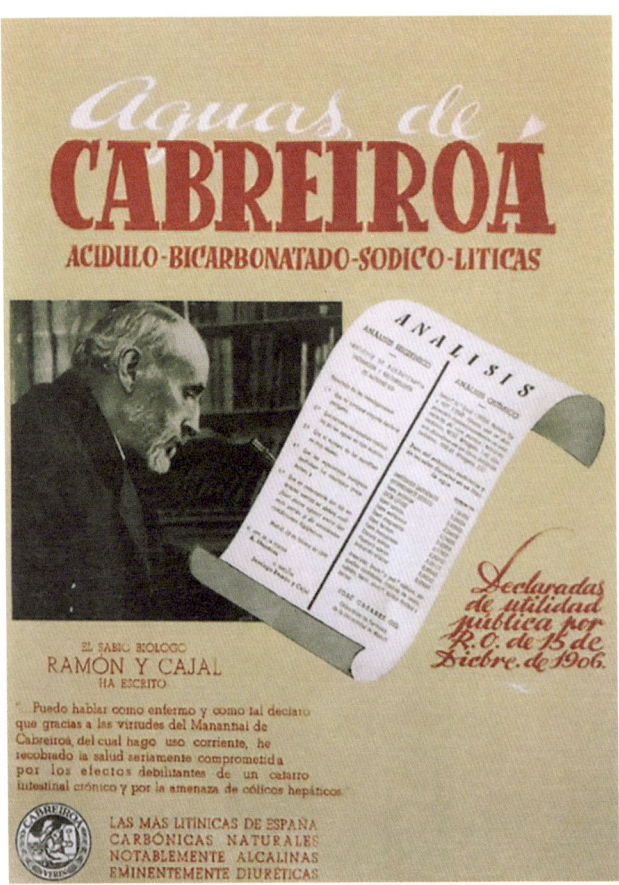

Anuncio del Agua Mineral Cabreiroá. Echegaray Hnos. & Cía.
Caras y Caretas, núm. 482, 28 de diciembre de 1907.

Embotelladoras de la Empresa das Águas de Vidago. Foto Vasques.
Autor desconocido. Imagen cedida por el Arquivo Nacional da Torre do Tombo.

Canalón con rostro de tritón en Cabreiroá.
Fotografía de Marina Otero Verzier, 2023.

Marcha durante la acampada en defensa de Covas do Barroso: «¡No a la mina, sí a la vida!». Fotografía de Marina Otero Verzier, 2024.

Pancarta «Solidaridade com o Barroso», en la Quinta do Cruzeiro durante la acampada en defensa de Covas do Barroso. Fotografía de Marina Otero Verzier, 2024.

Protesta antiminas durante la celebración de los Caretos de Misarela,
parte del entrudo (carnaval) en Montalegre, Portugal. Fotografía de Patricia Coelho, 2023.

Baño en el río Covas durante la acampada en defensa de Covas do Barroso.
Fotografía de Marina Otero Verzier, 2023

«Corpos en coidado, corpos en reparación».
Lavadero termal de Caldas de Reis. Fotografía de Ariadna Silva, 2024.